は し が き

　本書は令和 4 年（2022 年）12 月 13 日に開催された新潟大学 ELSI センター主催ミニ・シンポジウム「分野横断研究としての自動運転技術社会実装研究」にて報告された内容に加筆修正を施したものです。

　同ミニ・シンポジウムは自動運転技術を一例として，AI 技術に不可避的に生ずる「ブラックボックス性」や，AI の判断について人間が追体験できない領域をテーマとし，ブラックボックス性がどのような問題を惹き起こすのか，なぜブラッた内容を法学・工学・心理学のそれ在と各専門領域において現状提案さ

　本書第 1 部のベースとなっている、ラックボックス性です。これは我々人間が今後 AI 技術を社会に実装していくに際して，我々人間と AI の相互理解を妨げるものであります。しかし，本書では，シンポジウムのタイトルから改題しその内容を容易に理解できることを目的として，『AI と分かりあえますか？──ブラックボックスが生まれるしくみ』としました。

　シンポジウムの内容をベースとし，その臨場感を多少なりとも残すため，本書では基本的には口語調での記述となっています。また，ミニ・シンポジウム開催当時（令和 4 年 12 月）時点での発言をベースとしつつ，著者の皆様に加筆修正をして頂きました。例外として第 1 部第 2 章（日原報告）は口語体としつつも論文調となっていますが，若手研究者の論考としてこのような体裁にしています。統一感のない印

iii

はしがき

象を与えかねないものではありますが，ご海容頂ければ幸いです。

　本書に収録されている各報告は，専門分野に慣れ親しんでいない方でも理解しやすいよう，可能な限り専門用語の利用を避けています。本書が，研究者にとどまらず，AI に関心のある多くの方々の手に取ってもらえるならば望外の喜びであると考えます。

　本書の基礎となったミニ・シンポジウムについては，令和 4 年度新潟大学 U-go グラントの支援を受けました。また，同シンポジウムの開催に当たっては各執筆者の他，研究統括機構特に URA の久間木寧子氏・李香丹氏による支援を受けました。

　また，本書の刊行に当たっては，信山社の今井守様，稲葉文子様に多大なるご助力を賜りました。この場を借りて御礼申し上げます。

　令和 6 年 3 月吉日

編 者 一 同

渡辺豊・根津洸希 編

AIと分かりあえますか？

ブラックボックスが
生まれるしくみ

信山社ブックレット

目　次

第 4 章：「認知」とブラックボックス　　　　中嶋 豊　47

閉 会 挨 拶　　　　　　　　　　　　　　　　　山﨑 達也　57

◆ 第 2 部 ◆
特別寄稿：新潟大学 ELSI センター・
明治大学先端科学 ELSI 研究所社会実装研究会共催
国際シンポジウム報告概要

特別寄稿に至る経緯　　　　　　　　　　　　　根津 洸希　63

第 1 章：AI 利用に際しての刑事責任　ラーセ・クヴァーク　65

AIと分かりあえますか？
ブラックボックスが
生まれるしくみ

◆ 第1部 ◆
AIのブラックボックス性を巡る議論（シンポジウム再録）

開 会 挨 拶

渡 辺 　 豊

　本書は，令和4年（2022年）12月13日に開催した新潟大学 ELSI
センターのミニ・シンポジウム「分野横断研究としての自動運転技術
社会実装研究」を基礎とし，また同シンポジウムに関連する2本の論
考を特別寄稿として掲載するものです。

　新潟大学研究統括機構 ELSI センター（以下，ELSI センター）は，
文理融合等の総合知創出に向けて，分野融合研究等の学際共創研究を
推進することを目的に2023年4月に設立されました。本書の内容で
あるミニ・シンポジウムも，新潟大学における文理融合・総合知の創
出という観点から設立に先立ち開催されたものです。

　ELSI という言葉は Ethical, Legal, Social Issues（あるいは Impli-
cations）の略であり，科学技術の社会実装において生ずる問題につい
て倫理的，法的，社会的観点からその社会的受容性を高めることを目
指す用語です。また昨今では「総合知」との関連で，社会問題を技術
の社会実装により解決し，イノベーションにつなげていく考え方を示
す用語として使われています。本書で取り上げている自動運転技術
は，その典型例として挙げることができるでしょう。イノベーション
を起こすための技術の社会実装を考える際には，多面的な観点からの
検討が必要になります。この点が，本シンポジウムにおける特徴の一
つであると言えます（詳細は「企画趣旨」をご参照下さい）。また，そ

のような多面的な検討が具体的にどのように行われているかについては，本書の他の論考をそれぞれご覧頂ければ幸いです。

　新潟大学では，総合大学としての組織的な力を結集し，ELSI を中心とした社会問題の解決のための技術の社会実装に対して，多様な観点からの議論が可能な状況にあります。ELSI センター設立の背景には，このような問題意識が存在しており，2023 年の設置以前から学内で議論が進められてきていました。本書の基礎となったシンポジウムもそのような議論の延長線として行われたものです。本書にもご寄稿頂いた根津洸希先生，今村孝先生，中嶋豊先生はその当時から ELSI センターの議論に参加頂いています。また，日原拓哉先生は ELSI センターの客員研究員をお願いしています。その他，当日の司会を ELSI センター副センター長の白川展之先生にお願いしました。閉会の挨拶を頂戴した山﨑達也先生がセンター長を勤められている新潟大学ビッグデータアクティベーション研究センターとの連携を今後深めていくことで，全体として新潟大学のプレゼンスを高めることに寄与できればと考えています。

　本書の内容を基礎に，具体的な研究成果を世に問うことができれば幸いです。また，本書をお手にとって頂いた皆様には，忌憚のないご意見を頂戴できれば幸いです。

第1章：企画趣旨

根 津 洸 希

1　はじめに ── 分野横断研究の必要性

　ただいまご紹介にあずかりました，新潟大学法学部助教の根津でございます。本日は，本ミニ・シンポジウム「分野横断研究としての自動運転技術社会実装研究」に対面並びにオンラインにてご参加いただき，ありがとうございます。本研究は，さきほど渡辺教授よりご説明いただきましたように，今後設立されます新潟大学 ELSI センターの基幹研究のひとつとして位置付けられており，また分野横断的研究を支援する，新潟大学内競争的研究資金「U-go グラント」の支援を受け，さらに，新潟大学ビッグデータアクティベーション研究センターにもご共催いただき，本ミニ・シンポジウム開催へと至る運びとなりました。この場をお借りして，関係の方々に御礼申し上げます。

　本ミニ・シンポジウムにおける私の役割といたしましては，本ミニ・シンポジウムの企画趣旨のご説明と，各ご講演のモデレーターを務めさせていただきます。

　まずは，本ミニ・シンポジウムのメインテーマに立ち入る前に，今回のような分野横断研究型の開催形式となった点についてお話させていただきたく存じます。若輩者のわたくしが学術の動向を語るのは甚だ恐縮ではございますし，分野ごとに差異や例外はみられましょうが，少なくとも私が所属している法律学の世界において，この数十年

ほどの大まかな学問的傾向は，専門化・細分化であったように思います。これはおそらく法学に限らず，様々な学問においても同様であったものと推察いたします。様々な学問の各領域の議論枠組みの細分化が進み，その細分化されたカテゴリにおいて当該領域のスペシャリストが，微に入り細に入り，周到に議論を尽くすことで各学問領域がそれぞれ発展してまいりました。

　しかし近時，現実社会において生じている問題に目を向けますと，その問題は，そういった細分化されたカテゴリ内で解決しつくすことが難しいことがわかります。たとえば，2022年の夏，アメリカの連邦最高裁判所にて「人工妊娠中絶は憲法上の権利ではない」旨の判断が下され，それに伴い多くの州で人工妊娠中絶を違法化する州法が成立いたしました。他方，ほぼ同時期にドイツでは，人工妊娠中絶規制を実質的に緩和する法案が可決されました。この，政策としても国柄としてもまさに真逆の法規制がなされた問題の背景には，いわゆるキリスト教的保守派とリベラル派の政治的対立ももちろんありますが，人工妊娠中絶を行った場合に犯罪となるのか否かという刑事責任を巡る法的問題，胎児の生命に関する処分権は女性の自己決定権の範囲に含まれるかといった，権利を巡る法哲学的問題，そもそも議論の前提としてヒトの発生はいかなる経過をたどるのかといった医学的・生物学的問題，そしてどの発生段階に至った際に，その胎児には「命がある」とみなすことができるのか，といった倫理的問題，場合によってはそのほかにも様々な問題が重層的に絡み合っているといえます。

　このような複合的な問題に対しては，各スペシャリストが各領域において個人レベルで解決を図ることには限界があるように思われます。このような複合問題に一定の筋道をつけるには，各領域のスペ

シャリストの協働によって，全体としてのジェネラルな知見を形成する必要があります。

2　企画趣旨

　以上のような分野横断的研究の必要性は，本ミニ・シンポジウムのテーマでもあります，自動運転技術の社会実装にも，まさにあてはまります。自動運転技術の社会実装を巡っては，その中核技術であるAI（人工知能）に対する法的な面と技術的な面の両面からの統制が課題となっております。しかしAI技術は，深層学習という膨大な情報量からAI自身が自律的に学習を行うその特性上，人間にはその判断が検証・追体験できない領域——ブラックボックス性——を内包しております。たとえば，数年前の事例にはなりますが，Googleフォトのラベリング事件が挙げられましょう。Googleフォトとは，画像データをクラウド上に保存することができるアプリケーションソフトですが，かつてこのアプリにはラベリング機能がありました。つまり，画像認識AIが，撮影された被写体を識別し，「風景」だとか「料理」だとかをカテゴライズして，画像ごとにそのカテゴリ名をラベルのように表示する機能です。ことの発端は，このGoogleフォトを利用していた黒人男性のTwitter（当時：現X）上での，とあるつぶやきでした。「おいグーグルフォト，ふざけんな，俺の友達はゴリラじゃねえよ」。添えられていたスクリーンショットでは，黒人女性と黒人男性が写った画像に「ゴリラ」というラベルが振られておりました。

　女性を花に喩えたのであれば許されたのかもしれませんが，黒人に対して「ゴリラ」と呼ぶことは，もちろん当該画像認識AIにそのような意図はないにせよ，侮辱的・差別的な意味も含意しかねないた

9

め，ことを重く受け止めた Google は調査チームを発足し，なぜそのようなラベリングがなされたのかを検証しようとしました。しかしながら，世界でも最高レベルの情報技術を擁する Google でさえ，誤認識の原因を特定することはかなわず，やむなく Google は Google フォトアプリからラベリング機能を削除することとなりました。画像認識 AI がなぜ黒人を見て「ゴリラ」とラベリングしたのか，その判断は結局のところ人間には検証することができず，これはまさにブラックボックスであるといえるでしょう。

　自動運転技術をはじめとした AI 技術の社会実装を進めるうえでは，当該技術が統御可能でなければなりません。AI 技術のブラックボックス性は，そういった統御を危うくしかねませんから，このブラックボックス性の克服が一つの重要な課題となりましょう。そこで本ミニ・シンポジウムは，この AI のブラックボックス性について，法学，工学，心理学の観点から最新の議論を紹介し，今後の展望につき分野横断的に検討しようとするものです。

3　各講演の概要と位置付け

　この AI のブラックボックス性を検討するにあたり，単に法律によって規制することをもって解決とすることは，現実的ではありません。「ブラックボックス性などという未知のリスクを抱えた，危険な技術など，その製造も利用も法律によって一律に禁止してしまうべきだ！」というラディカルな考え方もありうるところではございますが，これではおよそ先端技術と呼ばれるものは，すべからく法的規制の対象となり，ひいては我が国の技術発展は著しく阻害されてしまいかねません。技術発展は我々の生活に大きな恩恵をもたらすものであ

り，また法律とは，我々国民が日々を暮らすうえで不自由をしないように定められるにもかかわらず，まさにその法律が技術発展を妨げてしまうようでは本末転倒です。

とはいえ，将来的に自動運転技術への利用が想定される AI は，無論，一定の危険性をはらんでいること自体，否定できるものではないでしょう。先ほどの事例のように，自動運転機能を利用中，人間を「ゴリラ」だと認識して衝突してしまうといったことは避けねばなりません。それゆえ，自動運転技術ないし AI 技術の社会実装を実現するには，技術発展と安全性の確保の両立が目指されねばなりません。

一面的な法規制に陥らないためには，まずは問題の所在を適切に素描することから始める必要があります。それゆえ，まずは仮に AI 技術の社会実装を実現した場合に，いかなる問題が生じうるかを整理いたします。AI 技術を搭載した自動運転自動車が事故を起こした場合，まずもって問われるのはその事故に対する法的な責任でしょう。とりわけ，刑事的責任には多くの方が関心を寄せることであろうと思います。この点につき，立命館大学・日原拓哉先生に，AI 技術のブラックボックス性がもたらす刑事法上の問題を整理していただきます。日原先生は，本ミニ・シンポジウム開催の直前に，まさに AI 技術と刑事法に関わる博士論文をご提出なさった，新進気鋭の若手研究者です。そのご知見から AI と法律上の問題をご解説いただきます。

AI 技術のブラックボックス性がもたらす，法律レベルの問題を明らかとしたのち，続いて，そもそも AI 技術のブラックボックス性がいかにして生じるのか，すなわち問題の原因を突き止めて参りたいと思います。

まず一つのアプローチとして，AI 技術を工学的な観点から検討す

るることが可能であると思います。そこで，AI 技術とは，いったいいかなる技術であるのか，AI 技術のブラックボックス性は，そのいかなる技術的特性から生じるのか，またブラックボックス性を克服することは可能なのか，といったことについて近時の工学的な取り組みを，画像認識 AI を例に，本学工学部准教授である今村孝先生にご解説いただきます。

　もう一つのアプローチとして，我々人間が AI の判断を追体験することを困難にしている一つの原因であると考えられる，認知方法の差異に着目することが可能であると思います。我々，ホモ・サピエンスとしてのヒトは，目に入ってきた光という視覚情報をもとに，その情報を意味という枠組みで再構成することで認知します。他方，AI の認識はカメラなどの視覚センサーを用いて光を入力することは同様でありながら，AI は光の点，すなわちモニター画素の法則性から対象物の認知を行います。このようなヒトとセンサーの認知方法の差異からもブラックボックス性が生じうるという点を，同じく本学人文学部准教授の中嶋豊先生にご解説いただきます。

　ご講演を担当される諸先生方にはまず，以上のような各ご専門の立場から AI 技術のブラックボックス性にまつわる問題点の素描をいただき，その上で近時なされているブラックボックス性解決の取組みのうち，先生方が注目していらっしゃるアプローチをご紹介いただき，今後の展望につきコメントをいただくというかたちで，本ミニ・シンポジウムを進行させていただきたく存じます。

　私からは以上です。ご清聴ありがとうございました。

第 2 章：AIのブラックボックス性が 法的議論に与える影響

日 原 拓 哉

1 はじめに

　初めまして，わたくしは立命館大学より参りました，日原拓哉でございます。わたくしの研究テーマは，「AI製品の利活用における利用者・製造者の刑事責任」であり，具体的は，自動運転車による交通事故における刑法上の問題，AIを利用したアルゴリズム投資による経済犯罪，AIを搭載した機器がサイバー攻撃された場合の刑法上の問題，AIの研究開発・利活用にかかる国際的規制，生成AIと知的財産法の刑事規制上の諸問題について研究を行っています。本日はこのうち，「自動運転車による交通事故における刑法上の問題」についてお話ししたいと思います。

2 「自動運転車」とは

　日本国内では原則としてSAE（Society of Automotive Engineers）のレベル分けに応じて，自動運転車は6段階のレベルに分類されます。「自動運転車」と言っても何が自動で作動するかには違いがあり，そこには，運転支援システム（レベル1・2），自動運行装置（レベル3・4・5）の区別があります。普通自動車を「レベル0」と定義して，以下の表のようにそれぞれ分類されます。

　簡単に申し上げますと，レベル1は自動ブレーキ・車線維持など前

レベル	自動運転レベルの概要	運転操作※の主体	対応する車両の名称
レベル1	アクセル・ブレーキ操作またはハンドル操作のどちらかが，部分的に自動化された状態。	運転者	運転支援者
レベル2	アクセル・ブレーキ操作およびハンドル操作の両方が，部分的に自動化された状態。	運転者	
レベル3	特定の走行環境条件を満たす限定された領域において，自動運行装置が運転操作の全部を代替する状態。ただし，自動運行装置の作業中，自動運行装置が正常に作動しないおそれがある場合においては，運転操作を促す警報が発せられるので，適切に応答しなければならない。	自動運行装置（自動運行装置の作動が困難な場合は運転者）	条件付自動運転車（限定領域）
レベル4	特定の走行環境条件を満たす限定された領域において，自動運行装置が運転操作の全部を代替する状態。	自動運行装置	自動運転車（限定領域）
レベル5	自動運行装置が運転操作の全部を代替する状態。	自動運行装置	完全自動運転車

※車両の操縦のために必要な，認知，予測，判断及び操作の行為を行うこと
出典：国土交通省

後もしくは左右の動作が，レベル2では自動で追い越すなどの前後・左右の両方の動作をアシストする形でドライバーによる監視が必要となります。その一方で，レベル3では基本的にシステムによる監視が

行われることを前提に，一定条件でシステムが運転します。なお，緊急時にはドライバーが運転を引き継ぐ，いわゆる「オーバーライド」が求められます。レベル 4 については場所を限定した（「運行設計領域」：Operational Design Domain）自動運転，そしてレベル 5 では場所を限定しない完全な自動運転が想定されています。もちろん，レベル 4・5 においてもシステムによる監視が前提となります。

　こうした自動運転の実用化に向けて，大学や自治体では公道実験を兼ねた自動運転サービスの提供も行われています。例えば，島根県飯南町では鉄道駅と道の駅を結ぶ自動運転バス「い〜にゃん号」が 2021 年より運航が開始されたり，慶應義塾大学 SFC 構内を循環する自動運転シャトルバスの運行が 2022 年より開始されたりするなど，各地で自動運転を目にするようになってきました。なお，これら自動運転は遠隔操作によるものでありレベル 3 に該当する自動運転車であります。また，すでに販売流通している「自動運転車」もございます。例を挙げますと，Tesla 社の Model X（レベル 2）やホンダ社のレジェンド（レベル 3）があります。このように，自動運転車は我々の日常生活に徐々に浸透しつつあるものとなっていることが分かるかと思います。

3　東名高速事故判決（横浜地判平成 30 年 3 月 31 日）

　さて，ここまではわが国の自動運転車の事情についてお話してきましたが，ここで重要な問題がございます。それは，これら自動運転車が交通事故を引き起こした場合，法的責任，とりわけ刑法上の責任は誰が負うのかというものです。その判断にあたり参考となる裁判例が今から紹介いたします，東名高速事故判決（横浜地判平成 30 年 3 月 31

日：LLI/DB L07550489)[1]でございます。

(1) 事案の概要

　事案の概要は以下の通りです。被告人は，レベル 2 の自動運転車で東名高速道路を走行し，神奈川県綾瀬市内を走行中に仮睡状態に陥った状態でおよそ 130 メートル進行していました。時を同じくして，交通渋滞で停車していた別の自動車とオートバイとの接触事故が発生し，そのオートバイの運転手が転倒していました。これと並走していたオートバイの運転手が転倒した方の運転手を救助していた 4 分後，自車進行通行帯の進路前方に停車していた普通自動二輪車の存在に気付かず，加速した状態で，同車後部に自車前部を衝突させ，その衝撃により同自動二輪車を前方に跳ね飛ばして同車前方に佇立していた A（当時 44 歳）並びに座っていた B（当時 43 歳）及び C（当時 44 歳）に順次衝突させて同人らを路上に転倒させた上，自車右後輪で前記 A を礫過し，よって，同人に頭部挫滅損傷の傷害を負わせ，A を死亡させ，B に全治まで 12 週間の加療を要する見込みの左足立方骨骨折等の傷害を，前記 C に全治 9 日間を要する頭部挫創等の傷害をそ

---

(1)　この判例を検討したものとして，中川由賀「具体的事故事例分析を通じた
　　自動運転車の交通事故に関する刑事責任の研究②——運転支援車（レベル 2）
　　の事故」中京法学 55 号 1 巻（2020 年）4 頁以下や，樋笠尭士「自動運転（レ
　　ベル 2 及び 3）をめぐる刑事実務上の争点——レベル 2 東名事故を手がかりに
　　——」捜査研究 847 号（2021 年）46 頁，今井猛嘉「自動運転車による事故と
　　刑事責任 AI と刑法理論との関係（1）」法学志林 119 巻 1 号（2022 年），前田
　　雅英「自動運転車の刑事過失責任の序論的考察」法学会雑誌（東京都立大学）
　　62 巻 2 号（2022 年），中川由賀「具体的事故事例分析を通じた自動運転車の
　　交通事故に関する刑事責任の研究——総合的考察」CHUKYO LAWYER 38 巻
　　（2023 年）がある。

れぞれ負わせたというものです。

　この事例において争点となったのは自動運転車のドライバーに対して運転過失致死傷罪（自動車運転死傷行為処罰法 5 条）が成立するか否かでした。なお，この罪について検討する前に，まずは道路交通法（以下「道交法」とする）上の運転者に課せられた義務の違反についても検討する必要があります。例えば被害者が傷害を負った「ひき逃げ事故」を挙げるとわかりやすいと思いますが，この事例では，過失運転致傷罪[2]の成立のみならず，被害者の救護義務（72 条前段）や警察官ないし警察署への当該事故の報告義務（72 条後段）の違反に対する罪も成立します[3]。これらは，被害者の死傷とは関係なく成立するものであるため，道交法上の罪についても考慮しておく必要性があります[4]。そこでまずは，「自動運転車」のドライバーに課せられた道交

---

(2)　なお，飲酒ないし薬物の影響で運転が困難な状態であったり，制御困難な高速度で運転したり，赤信号を殊更に無視したりなどして人を死傷させた場合は，過失運転致死傷罪よりも重い法定刑（傷害につき 15 年以下の懲役，死亡につき 1 年以上の有期懲役）を持つ危険運転致死傷罪（自動車運転行為等処罰法 2 条）に該当する。

(3)　救護義務違反罪については道交法 117 条に定めがあり，5 年以下の懲役刑もしくは 10 万円以下の罰金刑が予定されている（117 条 1 項）。なお，当該事故による被害者の死傷が運転者の運転に起因するときは刑の加重類型として，10 年以下の懲役刑もしくは 100 万円以下の罰金刑が予定されている（同条 2 項）。付言すると，同条 3 項には後述する「特定自動運行」（レベル 4）の場合における特定自動運行の義務（75 条の 23）に違反した場合は同条 1 項と同じ法定刑が規定されている。

　また，報告義務違反罪については道交法 119 条 1 項 17 号に定めがあり，3 月以下の懲役刑または 5 万円以下の罰金刑が規定されている。

(4)　このような意味で，いわゆる「ひき逃げ事故」に対しては過失運転致死傷罪と救護義務違反罪および報告義務違反罪の 3 つの罪が成立する。なお，刑の上限としては，この中で最も重い法定刑を定める過失運転致死傷罪（法定刑は 7 年以下の懲役刑もしくは禁錮刑または 100 万円以下の罰金刑）を基準

法上の義務違反に関する考察から始めたいと思います。

(2) 道交法上の運転手に課せられた義務違反について

　現行道交法のもとで，レベル 2 の自動運転車の利用者の義務やその他禁止行為は，普通自動車の運転者のそれとほぼ同様でございます。その義務は，本件に関するものならば，道交法 70 条（安全運転義務）に表れており，同条は，道交法における運転者に課せられる明確な義務（たとえば，71 条各号所定の運転者の遵守事項，72 条所定の交通事故の場合における緊急措置義務，報告義務など）のみではまかないきれないものがあるため，これを補う趣旨で本条のような総括的かつ抽象的な規定が設けられたとされます[5]。

　なお，道交法 70 条は非常に抽象的な文言であるため，刑法上の原則の一つである罪刑法定主義から導かれる，明確性の原則に照らしますと，当該条文は明確性を欠き拡大解釈されるおそれがあり，厳格に解釈されなければなりません。そのような趣旨から，この条文により可罰的とされるのは，道路，交通，当該車両等の具体的状況のもとで，一般的にみて事故に結びつく蓋然性の高い危険な速度，方法による運転行為に限られるべきであるとします[6]。また，過失による安全運転義務違反として処断するためには，過失によって，「他人に危害

　　に判断され，3 つの罪は，懲役刑ないしは禁錮刑が選択された場合には併合罪（刑法 45 条）として処理され，最も重い法定刑の類型である過失運転致死傷罪の上限 7 年にその半分を加えたものを長期——すなわち，10 年 6 月——とすることができる（刑法 47 条参照）。なお，罰金刑が選択された場合には，各罪により認められた罰金を併科することになる（刑法 48 条参照）。

　(5)　道路交通執務研究会編著（野下文雄原著）『執務資料 道路交通法解説〔18 訂版〕』（東京法令出版，2020 年）766 頁。

　(6)　いわき簡判昭和 43 年 6 月 3 日下刑集 10 巻 6 号 635 頁参照。

を及ぼすような速度と方法で運転した」ことを認定する必要がありま
す[7]。もっとも，過失により本条の規定に違反し，その結果人を死傷
させた場合は，過失運転致死傷罪が成立し，本条の違反行為がその過
失の内容となるとされます[8]。本条の罰則（117 条の 2 の 2 第 8 号チ：3
年以下の懲役または 5 万円以下の罰金）の適用にあたっては，明確性の
原則の要請から，当該行為が本条の違反行為としてその構成要件を充
足しているか否かを十分に検討すべきであるとされます[9]。

　本件事例のように，「居眠り運転」による交通事故の場合は，確か
に道交法 70 条の安全運転義務違反の罪が成立する余地はあります
が，このことが過失運転致死傷罪における「過失」の内容となるた
め，道交法 70 条違反の罪は個別には成立しないと考えてもよいで
しょう。そこで，刑法上の過失犯の構造に従い，「注意義務」を予見
可能性・結果回避可能性の観点から考察すべきであります。

(3)　過失運転致死傷罪の適用可能性

　まずは，過失運転致死傷罪が成立する要件を検討するにあたり，そ
の要件を簡単に確認しておきたいと思います。

　i）被告人が自動車の運転者であること，ii）被告人の自動車の運転
について過失があること，そして iii）被告人の過失と結果の間に因
果関係があること，すなわち，被告人の過失によって交通事故が起

---

(7)　最判昭和 46 年 10 月 14 日刑集 25 巻 7 号 817 頁。

(8)　道路交通執務研究会・前掲（注 5）768 頁。

(9)　大阪高判昭和 38 年 10 月 3 日高刑集 16 巻 7 号 550 頁参照。ただし，この事
　　例は自動車事故を刑法上の業務上過失致死傷罪や道交法上の安全運転義務違
　　反罪（法定刑：3 月以下の懲役または 5 万円以下の罰金［当時］）で処断して
　　いた時代のものであることに注意されたい。

こったと言えることの3つの要件があり，これらすべての要件が認められて初めて過失運転致死傷罪が成立します。この「過失」の内容は注意義務違反とされます。本件の過失致死傷であれば，「死亡・傷害を防止するべき注意義務があるにもかかわらず，この注意を怠ってこれらを引き起こした」ということになると思われます。なお，この「注意義務」は「運転中止義務」のように特定の作為・不作為をする義務として具体化されることもあります。また，過失には重要な二つの要素がございます。それは，a）予見可能性と b）結果回避可能性であり，a）はその結果（本件であれば被害者の死亡・傷害という結果です）を予見することができたかどうか，b）はその結果を実際に回避可能だったかどうかということになります。

　さて，被告人である自動運転車のドライバーの過失を裁判所はどのように判断したかを確認してみましょう。

① 裁判所の判断

　まず，a）予見可能性，すなわちドライバーは事故を予見できたのかについては，「本件運転支援システムは，自車前方の物体を検知できずに，静止した車両と衝突しないようブレーキをかけたり減速したりすることができなくなる場合があるなど，いかなる状況においても適切に動作することを保証されたものではない」として，「被告人が，本件運転支援システムには自車を前方の物体の手前で停止させて衝突を回避する機能もあると理解していた可能性は否定できない」が，「被告人は，事故を防止する責任は基本的に運転者にあるという説明は受けており……被告人自身の認識としても，本件運転支援システムを作動させていたとしても，前方を注視し，何かあったときには運転を替わるという意識を持ち続けて運転しなければいけないと思っ

て運転していたというのであるから，少なくとも，本件運転支援シス
テムが道路状況に応じた適切な動作をしないことがあり得ることは理
解していたと認められる」としました。

その上で，「本件運転支援システムでは対応し難い事態(10)…が一般
的に起こり得ることは明らかであるから，被告人は，本件高速道路と
いう比較的本件運転支援システムを作動させるのに適した場所におい
ても，前方を注視して自ら適切に被告人車を操作しなければ，本件運
転支援システムでは対応し難い事態に対応できず，事故を回避できな
い場合があり得ることを当然理解していたはずである」ので，「本件
運転支援システムが道路状況に応じた適切な動作をせず，又は本件運
転支援システムでは対応し難い事態が生じたにもかかわらず，被告人
が仮睡状態に陥るなどして前方を注視できず，被告人車を適切に操作
しないことによって事故が発生して人が死傷する危険」があることを
理由にして被告人の予見可能性を肯定しました。

次に，b）結果回避可能性，すなわちドライバーはこの事故を回避
することができたかについて裁判所は以下の通り判示しています。

すなわち，「被告人車が午後2時44分頃に走行していた地点から本
件事故の現場までの間に，被告人車を本線車道にはみ出ることなく停
車させることができる非常駐車帯が複数あり，そこで一時休息したり
同乗者と運転を交替したりすることも可能であったこと」を踏まえて
被告人の結果回避可能性を認めました。そのうえで，裁判所は被告人

---

(10)　判決文中では，「他の自動車が，高速度で走行している自車の直前に急に割
り込んできたり，前方から逆走してきたりした場合や，自車のタイヤがパン
クするなどの故障が起きた場合，前車の積み荷が路上に落下した場合」が挙
げられている。

の注意義務違反について，被告人は，前記のとおり前方注視が困難に
なるほど強い眠気を覚えた時点で，直ちに運転を中止すべき自動車運
転上の注意義務があったにもかかわらず，これを怠って前方注視が困
難な状態のまま運転を継続し，運転中止義務に違反したと認められ
る」と判示しました。

　最後に，因果関係の判断に関して，裁判所は「本件運転支援システ
ムの機能は前方の物体との衝突を回避するために設計されたものでは
ないのであるから，客観的には，被告人が自ら被告人車を操作しなけ
れば被告人車が本件バイクに衝突する危険があったことは明らかで
あ」り，「そして，被告人が，本件運転支援システムについて，自車
を前方の物体の手前で停止させて衝突を回避するように設計されたも
のであると理解していた可能性は否定できないが，……本件運転支援
システムが道路状況に応じた適切な動作をしないことがあり得ること
は理解していた」こと，加えて，「本件事故直前の被告人車は，前車
が方向指示器を点滅させ車線変更を開始したが，未だ同車の車体の一
部が被告人車の走行する第3車両通行帯にある時点から……加速し続
けている……被告人車の挙動は，本件バイクの手前で余裕をもって停
止する前の走行としては不合理なものであり，被告人がこれまで経験
してきた被告人車の挙動とは大きく異なることは明らかであるから，
被告人が仮睡状態に陥っていなければ，本件運転支援システムが，被
告人車を本件バイクの手前で停止させるように動作していない可能性
を認識できたはずである」とし，「仮睡状態に陥ることなく前方を注
視していれば，…被告人車が本件運転支援システムの動作によっては
本件バイクの手前で停止できずに衝突する危険を予見し，急制動の措
置を採ることは可能であり，被告人がそのような措置を採っていれ

ば，被告人車が本件バイクに衝突することを回避することができたと認められる」ので，「本件事故は，被告人による前記運転中止義務違反に基づく危険が現実化したものと認められるから，両者の間の因果関係も認められる」と被告人 X の運転中止義務違反と被害者 A，B，C らの致死傷の結果との間に因果関係を認めました。

② 検討

しかし，この裁判例については疑問が残る点がいくつかございます。といいますのも，判決文中に言及されているのですが，本件被告人には，本件事故以前の経験から，本件運転支援システムが適切に動作して被告人車が停止する場合には，被告人車が，前方の物体の手前で急制動にならない程度の余裕をもって停止するものと理解していたという事情があるのです。そこで，まずは被告人の予見可能性の検討を行う必要があります。

刑法上の予見可能性の判断にあたっては，行為者が当該事故における「因果関係の基本的な部分」を予見することが可能であったか否かが問題となります。例えば，北大電気メス事件判決[11]では，「結果発生の予見とは，内容の特定しない一般的・抽象的な危惧感ないし不安感を抱く程度では足りず，特定の構成要件的結果及びその結果の発生に至る因果関係の基本的部分の予見を意味するものと解すべきである。そして，この予見可能性の有無は，当該行為者の置かれた具体的状況に，これと同様の地位・状況に置かれた通常人をあてはめてみて判断すべきものである」としています。しかし本件事例のように，当該事故の原因の一つとされる，センサーの誤反応やそれに伴うブレー

---

[11] 札幌高判昭和 51 年 3 月 18 日高刑集 29 巻 1 号 78 頁。

キシステムの誤作動に対するメカニズムを被告人は認識しているわけではありません。このことについて，過失運転致死傷罪における死傷結果に至った当該自動車の誤作動のメカニズムは，被告人にとってはブラックボックス化しているといえるでしょう。刑事法の文脈ではこれをいわゆる「因果関係のブラックスボックス化」[12]といいますが，以下の事例が参考となります。それは，近鉄生駒トンネル火災事故最高裁決定[13]ですが，同決定によりますと「右事実関係の下においては，被告人は，右のような炭化導電路が形成されるという経過を具体的に予見することはできなかったとしても，右誘起電流が大地に流されずに本来流れるべきでない部分に長期間にわたり流れ続けることによって火災の発生に至る可能性があることを予見することはできたものというべきである」といいます。このように，仮に被告人が当該自動運転システムの誤作動のメカニズムを知らなかったとしても，予見可能性が肯定される余地があるのです。

　さらに，因果経過のプロセスにおいては，本件事例のように，被告人の運転中の居眠りという落ち度，センサー機器の誤作動，前車の挙動等種々の因果的推移が存在し，「因果経過の基本的な部分」が予見し難いこともありえます。この点，渋谷温泉施設爆発事故上告審決定[14]によりますと，「結果発生に至る因果のプロセスにおいて，複数の事態の発生が連鎖的に積み重なっているケースでは，過失行為と結果発生だけを捉えると，その因果の流れが希有な事例のように見え具体的な予見が可能であったかどうかが疑問視される場合でも，中間で

---

[12]　例えば，松宮孝明『先端刑法総論』（2019 年，日本評論社）144 頁以下。

[13]　最決平成 12 年 12 月 20 日刑集 54 巻 9 号 1095 頁。

[14]　最決平成 28 年 5 月 25 日刑集 70 巻 5 号 117 頁。

発生した事態をある程度抽象的に捉えたときにそれぞれの連鎖が予見し得るものであれば，全体として予見可能性があるといえる場合がある」といいます。

　以上の判例のスキームに従えば，たとえレベル2の自動運転車が予期せぬ挙動をした場合においても，その中間で発生する一般的な不測の事態そのものは予見可能であり，予見可能性は認定されるものと思われるでしょう。しかし，本件事例における予見可能性の具体的対象は，因果的経過を考慮すればむしろ，「事故を回避するために，自動車の異常を察知して，急制動措置を施すこと」にあるものと思われます。だとすると，被告人特有の事情をより慎重かつ丁寧に検討すべきであり，この点において，「普通自動車を走行するに当たり，一般的に仮睡状態に陥れば，交通事故を惹起しうること」とは枠組が異なるのです。

　次に，結果回避可能性について検討します。判決では，「被告人車が午後2時44分頃に走行していた地点から本件事故の現場までの間に，被告人車を本線車道にはみ出ることなく停車させることができる非常駐車帯が複数あり，そこで一時休息したり同乗者と運転を交替したりすることも可能であったこと」および「被告人は，仮睡状態に陥ることなく前方を注視していれば，本件バイクから約19メートルの地点までに，被告人車が本件運転支援システムの動作によっては本件バイクの手前で停止できずに衝突する危険を予見し，急制動の措置を採ることは可能であり，被告人がそのような措置を採っていれば，被告人車が本件バイクに衝突することを回避することができた」といいます。

　過失犯においては，結果は行為自体の持つ許されない危険が現実化

25

したものでなければなりません。さらに，この過失犯の「客観的注意義務違反」を求めるには，行為者が物理的・生理的にまだ結果の実現を回避できる時点に求められなければなりません[15]。例えば，最判平成 15 年 1 月 24 日裁時 1332 号 4 頁［第二黄色信号点滅事故］によると，「本件は，被告人車の左後側部に A 車の前部が突っ込む形で衝突した事故であり，本件事故の発生については，A 車の特異な走行状況に留意する必要がある。…A は，酒気を帯び，指定最高速度である時速 30 キロメートルを大幅に超える時速約 70 キロメートルで，足元に落とした携帯電話を拾うため前方を注視せずに走行し，対面信号機が赤色灯火の点滅を表示しているにもかかわらず，そのまま交差点に進入してきたことが認められるのである。このような A 車の走行状況にかんがみると，被告人において，本件事故を回避することが可能であったか否かについては，慎重な検討が必要である。」…「対面信号機が黄色灯火の点滅を表示している際，交差道路から，一時停止も徐行もせず，時速約 70 キロメートルという高速で進入してくる車両があり得るとは，通常想定し難いものというべきである。しかも，当時は夜間であったから，たとえ相手方車両を視認したとしても，その速度を一瞬のうちに把握するのは困難であったと考えられる。こうした諸点にかんがみると，被告人車が A 車を視認可能な地点に達したとしても，被告人において，現実に A 車の存在を確認した上，衝突の危険を察知するまでには，若干の時間を要すると考えられるのであって，急制動の措置を講ずるのが遅れる可能性があることは，否定し難い。そうすると，…被告人が時速 10 ないし 15 キロメートルに減

---

[15]　松宮・前掲（注 12）135 頁以下。

速して交差点内に進入していたとしても，上記の急制動の措置を講ず
るまでの時間を考えると，被告人車が衝突地点の手前で停止すること
ができ，衝突を回避することができたものと断定することは，困難で
あるといわざるを得ない。そして，他に特段の証拠がない本件におい
ては，被告人車が本件交差点手前で時速 10 ないし 15 キロメートルに
減速して交差道路の安全を確認していれば，A 車との衝突を回避す
ることが可能であったという事実については，合理的な疑いを容れる
余地があるというべきである」としています。この事例のように，結
果回避判断に際して，特異な事情が介在している場合には，事故当時
の道路状況や被害者ならびに被害車両の状況，さらにドライバー車両
の特性等を詳細に検討すべきであります。

　さて，本件におきまして，裁判所は，「被告人車は，…本件バイク
から約 45.6 メートルの地点を時速約 13.1 キロメートル…で走行して
いたが，前車との車間距離が開くことに対応して加速していった。さ
らに，被告人車は，午後 2 時 49 分 19 秒頃には，本件バイクから約
27.5 メートルの地点を時速約 27.8 キロメートルで走行しており，そ
の時点では，前車はほとんど車線変更をし終わっていたところ，被告
人車の前方には本件バイクを含め複数の車両が停車していたにもかか
わらず，本件運転支援システムがこれらの車両を検知しない状況に
なったため，被告人車は更に加速し，午後 2 時 49 分 22 秒頃，本件バ
イクに衝突した…。そして，加速を開始してから本件バイクに衝突す
るまでの被告人車の最高速度は時速約 38.1 キロメートルであるとこ
ろ，この速度を前提として停止距離（空走距離と制動距離の合計）を計
算しても，被告人が，仮睡状態に陥ることなく前方を注視し，遅くと
も被告人車が本件バイクの約 19 メートル手前の地点に到達するまで

に本件バイクとの衝突の危険を感知して急制動の措置を講じていれば，被告人車は本件バイクの手前で停止することができた」としています。

　この点において，被告人側弁護人は「本件運転支援システムが搭載された自動車の運転手は，本件運転支援システムの機能を信頼しているため，自車が進路内の物体と衝突する危険が生じたとしても，本件運転支援システムを搭載していない自動車を運転する場合に危険を感知する時点で衝突の危険を感知するのではなく，本件運転支援システムに異常を感知した時点で衝突の危険を感知するのであり，本件事故においては，被告人車が，一般路走行時の通常の減速加速度では本件バイクの手前で止まれない距離まで減速を行わずに進んだ時点で，本件運転支援システムに異常を感知する」と主張していましたが，裁判所はこの見解を採用しませんでした。しかし，本件事故における自動車はレベル2の自動運転車であり，普通自動車（レベル0）の操作とは同一ではないことは想像に難くないでしょう[16]。そのため，この点も含めて結果回避可能性の判断を為すものであり，この点を完全に捨象して考慮すべきではなかったと考えられます。

　付言しますと，本判決では，量刑事由として，運転支援システムの誤動作に関する事情は一切考慮されておりません。そうしますと，当該行為者が仮睡状態に陥ることなくドライバーが運転した折に事故が発生した事例や，緊急時にのみドライバーに運転を引き継ぐレベル3の自動運転車で同種の事故が発生した場合でも，普通自動車における

---

[16]　本件車両の運転支援機能の名称が「Autopilot」と称するものであったことも踏まえると，なおさら普通自動車と同一の判断枠組で検討すべきではないだろう。

ドライバーの注意義務をそのまま転用されることが大いに考慮される
のですが，この帰結は妥当であるとは思えません。過失犯の処罰範囲
をみだりに拡大しないためにも，注意義務（特に結果回避可能性）の
内容や因果関係の認定にはより慎重な姿勢が必要です。

　以上の検討から，本判決につきましては，その結論は否定しないも
のの，注意義務や因果関係の認定に問題を残すものであるといえるで
しょう。

4　事故原因のブラックボックス化が与える刑法上の影響

　繰り返しになりますが，刑法の文脈で「ブラックボックス化」と言
いますと，先述した「因果関係のブラックボックス化」の場合の因果
関係の判断基準を示した著名な判例，すなわち前掲・近鉄生駒トンネ
ル火災事故最高裁決定や前掲・渋谷温泉施設事故最高裁決定が挙げら
れます。これら判例では，行為者（被告人）はたとえ事故原因の直接
なメカニズムを認識していなかったとしても，刑法上の過失責任を負
うとするものがありました。

　もし，これらのような先例や東名高速事故の判断枠組を考慮します
と，たとえ事故原因である AI の判断がブラックボックス化したとし
ても，なお自動運転車の利用者には刑事過失責任における「注意義務
違反」が認定される可能性が高いと考えられます。なお，この点につ
いて，レベル4以上の場合自動運転車の場合であれば，現行道路交通
法の規定により，「特定自動運行」にかかる義務内容が道路交通法71
条の12以下に詳しく義務付けがなされていたりしますし，レベル3
の自動運転車（自動運行装置）に関しても利用者の義務が部分的に規
定されていたりします（道路交通法63条の2の2や71条の4の2参

照）。これらの事情を鑑みると，少なくとも「注意義務」のレベルでは徐々にではあるものの，自動運転車固有のものが策定されるようになってきています。

　また，本事案においては言及されておりませんが，メーカー責任も考慮される可能性はあります。この点については，いわゆる「刑事製造物責任」のスキーム[17]に従い，製造者に対して遵守すべき義務を例えば ISO 規格などを通じて画定しようとする動きもあります[18]。例えば，自動運転車の欠陥によって交通事故が発生した場合を想定しますと，その事故の（刑事）過失責任を構成すべき主体として製造者が考えられますが，先ほども述べましたように，過失を認定するには「注意義務」を確定しなければなりません。それの手掛かりとして，法律上の義務のみならず，このような規格基準も含めてもよいと思われます[19]。

　ただし，刑事過失責任を構成するには，注意義務違反それ自体のみならず，当該注意義務違反と結果（人の死亡ないし傷害など）との間の因果関係が必要です。その因果関係の判断基準については，先例の判断枠組を踏まえますと，レベル 4 であってもレベル 3 であっても——そしてレベル 1・2 の「運転支援装置」であっても——変わらず，たとえ利用者の知りえない自動運転車内部の AI の誤作動によって引き起

---

[17]　詳しくは，日原拓哉「AI の利活用における刑法上の諸問題（2）——利用者と製造者の刑事責任を中心に」立命館法学 403 号（2022 年）220 頁以下を参照。

[18]　樋笠尭士「自動運転の倫理に関する ISO39003 の分析と自動運転レベル 4 への応用可能性」国際交通安全学会誌 48 巻 2 号（2023 年）62 頁以下。ただし，レベル 4 の自動運転車に限定していることに留意されたい。

[19]　日原・前掲（注 17）221 頁。

こされた交通事故に関しても，当該自動運転車の利用者がその事故に
かかる（刑事）責任のリスクにさらされやすくなるといえるでしょ
う。これでは自動運転車，ひいては AI 製品一般の研究開発を通じた
利用を阻害してしまうおそれがあります。

　そこで，説明可能な AI（Explainable AI：XAI）の構想のもと，事
故結果に至る因果関係のプロセスがブラックボックス化しないように
するユーザー・インターフェースを，自動運転車のレベルを問わず自
動運転車に構築・実装すべきではないでしょうか。将来的なモビリ
ティの実現のためにも，AI による因果関係の「ブラックボックス」
化の問題の解決は急務であるのです。

第3章：ブラックボックス克服に
向けた工学的取り組み

1　はじめに

　新潟大学工学部の今村と申します。工学の代表という責任の重い立場を頂きまして恐縮しておりますが，ブラックボックス克服に向けた工学的取り組みについて，ご紹介します。これまで私は，AIに限らず様々なブラックボックス化・高度化された技術を用いた研究をさせていただいております。それらを課題解決に適用・活用するにあたって，どのようにアプローチしてきたかという点を中心に，いくつか事例紹介をさせていただきます。

　まず簡単に自己紹介させていただきます。わたくしは機械の設計，システム構造の設計を行う機構学を基礎として，その設計結果や適用対象を計測・制御した，いわゆるロボットシステムなどを構築する，機械工学分野の制御工学を専門として研究を進めております（図1）。特に，自動車のドライバを対象とした運転支援，および福祉支援用途のシステム開発を中心に，人を対象とした計測制御技術の構築，またその数理モデル化に取り組んでまいりました。いわゆる分野横断・分野融合の内容も多く，ほかの分野の方々と協力させていただくことでの，知識や経験の広がりに面白さを感じております。今回，新潟大学ELSIセンターにお声がけいただいたことをきっかけに，自身の研究分野にELSIの視点を含め，この分野に貢献する工学技術開発に努力

33

図1　筆者の研究専門分野

して行く所存です。

2　移動支援と ELSI

　私の研究分野のひとつに移動手段の支援があります。工学的な技術要素による開発を目指して，「移動支援工学」と総称し，研究を進めていますが，その対象を考える上で移動範囲と移動手段の関連性を図2に示すように捉えています。

　わたしたちには，自身の成長や生活行動の変化にともない，その行動範囲を広げる，あるいはケガや病気などで狭められる状況が生じます。そして，その移動環境変化に応じて移動手段の選択と移動支援技術の必要性が変化します。昨今のコロナ禍においては，在宅を強いられた場合に，外界とつながる手段として，Zoom などのリモートアクセス技術が，移動の代替手段として急速に発展しました。これと同様に，運転者人材の不足や，地方の公共交通手段の減少に伴って，自動

・個人と移動距離・移動手段の関係性

在宅　近距離　中距離　長距離　遠距離

接続手段：ラスト1マイル　　公共交通

新たな移動手段：パーソナルモビリティ の導入と法整備　　自動運転導入による 安全性確保

歩行者：自動車

道路交通法とその周辺ルール

・在宅・近距離：徒歩、匍匐（ほふく）、ハイハイ、杖、歩行補助具、車いす
・近距離〜中距離：自転車、パーソナルモビリティ、小型自動車、シニアカー
・中距離〜長距離：自動車、鉄道、バス、飛行機
・遠距離：電話、チャット、SNS、遠隔制御・リモートコントロール

図2　人の行動範囲と移動手段の変遷

運転技術は非常に重要度を増しています。

　特に，道路環境・交通環境において，ELSI の果たす役割は非常に大きいと考えられます。その事例をご紹介いたします。

　図3に示すグラフは，ここ数年で問題となっている「信号のない横断歩道において車が一時停止する割合」を全国調査した内容です（[1]をもとに著者が作図）。この問題が提起されたのは，「信号のない横断歩道では自動車は停止をする必要がある」という道路交通法に関する認知度の低下がきっかけです。信号のない横断歩道の直前には，ダイヤモンドマークなどが道路に敷設されており，これを認識してドライバは減速・一時停止する必要があります。しかし，その認知度は2016年度では全国平均で7.6%程度にとどまっていました。近年，ニュース報道などで取り上げられることにより，一時停止率は向上し，2022年度の統計では39.8%までに改善しております。残念ながら，新潟は2020年の計測では全国平均を上回っていましたが，2022年には全国平均を下回ってしまっている状況です。このことは，法律

35

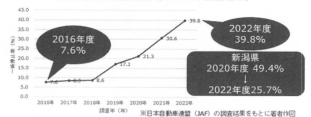

・信号機のない横断歩道での歩行者横断時における車の
一時停止状況全国調査（2022年調査結果）

図3　信号機のない横断歩道での歩行者横断時における車
の一時停止状況全国調査（2022年調査結果）

やルールの社会実装において，その周知に加え適切に守られる環境や
設備を整えることの重要性を示唆するもの考えております。特に，車
両の交通においては，極端に速度低下しないような他車両との協調が
求められることもあります。上記の例では，片側の車線の車両のみが
一時停止しても，反対車線の車両が協調しない状況が生じたことか
ら，全体的な順守傾向が低下したものと推測しています。

　同様に，車のヘッドライトのハイビーム（遠方・上向き照射）の利
用についても，たいていのドライバが通常ではロービーム（近接・下
向き照射）で走行しています。深夜で街灯も少ない暗闇でのみ，ハイ
ビームを使うことが対向車へのマナー化している実態があります。と
ころが，法令ではハイビームが原則で，すれ違いなどで相手の視界を
阻害するときにロービームにする，となっております。近年では，ア
ダプティブハイビーム技術のように対向車がない時だけ自動的にハイ
ビームになるシステムが実用化されています。このように新技術を取
り入れることで，法律とドライバの通常運転を容易に整合させられる
事例が増えることが期待されます。

図4　人をとりまく交通環境

　このような交通環境においては，人の環境へのアクセシビリティや
さまざまな移動手段とその自由度，移動体の運動速度やエネルギーに
よって，相互の関係を「交通弱者」・「交通強者」と区分する場合があ
ります。この差異を解消あるいはノーマライゼーション（平準化）す
るために，人の知覚能力や運動能力，運動エネルギーなどの不足部分
をシステムで補うことが重要と考えます。

　先ほど示したような，車両の先進安全技術の高度化はその一つで
す。特に，人の視覚を代行するカメラは，1秒間に 1000 枚の画像を
撮影・処理する高速度カメラも実現されており，その性能は，究極の
後出しジャンケン（人が出した手を認識処理し，それに勝つ「手」を後
から出す）が可能なほどです。このように人の知覚を超えるセンサが
実用化される一方で，その高度な技術要素がブラックボックス的な部
分となります。具体的には，人工知能（AI：Artificial Intelligence）に
よって，人と同等の判断能力，経験や知識の蓄積過程が再現される場
合が該当します。このときの判断の根拠や，知識などの数値化・定量
化基準の透明性を高めることが求められているのが現状であるといえ

ます。

3　計測と AI との関係

そもそも物事を計測するという作業や機器は，図5に比較したように，人の知覚行動に由来した操作を機械的に実現したものを指します。

いわゆる五感（視覚，聴覚，触覚，嗅覚，味覚）を電気エネルギーに変換する機構をセンサと呼びます。センサから得られた信号をコンピュータに取り込み，信号の特徴（大きさや周波数）を判断するのが計測システムとなります。近年では，信号処理・判断処理を一体化したセンサシステムが実用化され，AI と接続することで，多様な自動化システムが実現されています。

このようなセンサシステムを交えて，AI の基本構造を概説します。図6（上）は 1943 年に提案されたニューロンモデルです。人工知能研究の初期に提案されたもので，脳の神経回路構造を単純・モデル化しています。

ニューロンモデルでは，各入力に重要度（重み）を付けることで，特定の入力の組み合わせに対する出力を記憶（学習）させることがで

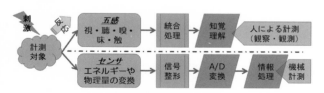

図5　人の五感と，計測システムの処理の比較

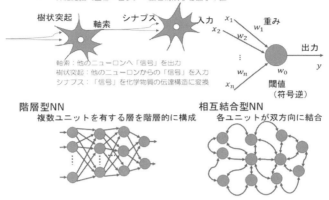

図6　ニューロンモデル・ニューラルネットワークモデル

きます。さらに，ニューロンモデルを複数結合したニューラルネット
ワーク（NN）モデル（図6下）を構成し，多数の入力と出力の関係を
学習することで，より複雑な入出力関係の学習が可能です。

　この学習により重要度を設定する作業が，我々の経験の蓄積やさま
ざまなトレーニングに相当し，この作業を数式・計算論としてモデル
化・プログラミングすることで，大量なデータの学習が可能となって
きました。また，NN の構造も階層型・相互結合型など多様な構造が
提案されています。それらの学習には，学習の手本を用意した場合
と，手本なしで学習する場合があります。今回話題としているブラッ
クボックス化された深層学習は，手本のない状態から統計量をベース
に，物事の判断結果を計算する作業を経ています。

　先述のニューロンモデルに立ち返り，入出力情報とその重みの関係
性を明らかにすることができれば，ブラックボックス化された処理の

内容を分析することが可能と考えられます。一方，センサの高度化・多様化によって，例えば画像一枚から得られる情報量が膨大になるなど，ビッグデータ化が進展しています。そのため，深層学習が進展する半面，一つ一つの情報の重みをすべて分析することが困難な状況となっています。

4　事例紹介：稲とヒエの画像識別器の構築

　私の研究室で深層学習結果の内部構造の分析を試みた事例をご紹介します。先述の交通・移動支援の話とは大きく分野が異なりますが，地方の高齢化という点では共通した社会問題の一つが発端となっています。本研究では，農業の就業人口の低下に対して　新規就農者をサポートするシステムの構築を目指したものとなります。図7に農業人口の推移と農作業の工程を示します。図7上に示した農業就業者の年齢は，農林水産省 "農業労働力に関する統計" にもとづく資料となります [2]。この図より，農業就業人口の高齢化が進んでいる現状が示されています。また，図7下には，稲作の工程を示していますが，農作業の中で一番負担や経験・勘が必要となる部分が，稲と雑草とを見分ける工程になります。これを画像解析で実現することができれば，特に若い新規就農者の支援につながると考えられます。

　図8に提案する画像解析支援システムの構築フローを示します。本システムでは，識別器の信頼性を高める方法として，現役の就農者の方の知見の情報化を行い，作成したシステムの妥当性の検証に取り組みました。ちなみに，このために実際に担当学生が研究室内で稲と雑草とを育成しながら両者が混ざった画像データを収集して学習を行いました。そして先ほどご紹介した深層学習の手法を使って識別器を構

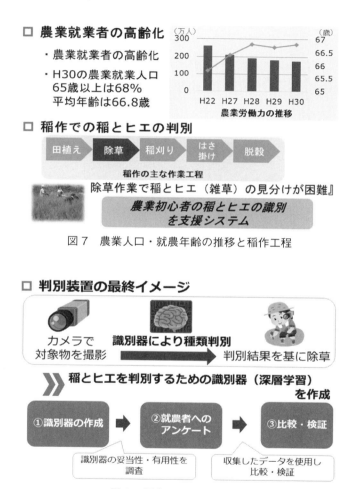

図7　農業人口・就農年齢の推移と稲作工程

図8　提案システムの概要

築したところ，図9のように単体の識別精度として8割以上の正答率を達成することできました。

　また，同じ画像データを熟練就農者の方に仕分けして頂きました。この際，画像データの仕分けと併せて，識別・判断の根拠も一緒に情報収集を試みました。しかしながら，なかなかご本人もその根拠情報がどこにあったのか説明が難しい，特に経験の長い方ほど，自分が何にもとづいて稲と雑草を見分けているのかを説明し辛い状態にあり，人間側にもある意味ブラックボックスが存在していることが分かりました。そこで，図10のような画像を提示し，識別・判断で注目する画像中の箇所を判断根拠としてお答え頂く方法で情報を収集しました。ところが，これを正解情報として学習させた識別器を再構築したところ，稲の識別精度は50%程度に留まるという結果になりました。

　さらにこの判断根拠にせまるアプローチとして，AIの重視した情報量をカラーマップで可視化するGrad-CAMという方法を導入しま

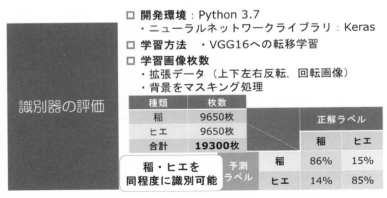

図9　稲と雑草（ヒエ）の画像識別器の構築結果

した。図11上は，犬と猫の深層学習による識別器の例です。色の濃い箇所が注目度の高い領域で，この場合，犬側の顔の情報が重視されることがわかります。このような学習情報の可視化手法が研究開発され，ブラックボックスの解明が進んでいます。

これを今回の画像データに適用し，図11下のように AI が注目し

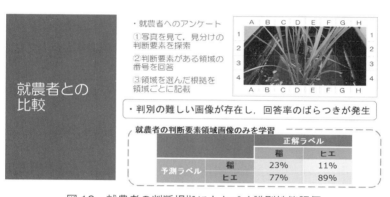

図 10　就農者の判断根拠にもとづく識別性能評価

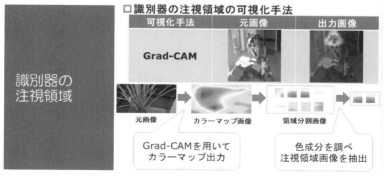

図 11　Grad-CAM を用いた注目領域の可視化

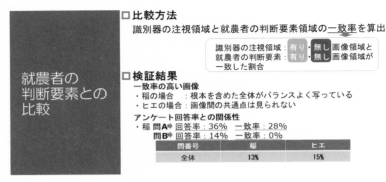

図12　注目領域の比較

た情報を抜き出し，就農者の方の注目領域との一致率を確認しました。その結果，図12に示すように，両者の一致率も低いことがわかりました。つまり，AIの認識している数値的な領域・情報と人の知覚する視覚的な情報との違いや，その妥当性を検証するための人間側の判断根拠・情報の数値化の困難さが存在するといえます。このような状況が，今回議論しているブラックボックス化の解明を難しく，複雑化させている要因の一つであると思われます。

5　おわりに

冒頭で述べたように，交通手段などさまざまな自動化システムの需要が増加している中で，とりわけ自動運転など安全や安心が求められるシステムにおいては，センサを用いた計測やAIの重要性は非常に高まっております。特にセンサ技術においては人の知覚を根拠としたシステム開発がなされる一方で，ハードウェア的な技術の向上に伴って人の知覚を凌駕するものも出てきています。このことは，情報の多

様化・大容量化によって高精度化に寄与する一方で，人が認識できる
情報を上回ることで，判断根拠の解明を難しくするという意味で，情
報の取り扱いの複雑化をもたらしているとも言えます。今回話題に
なっているブラックボックス化に関しては，AIの判断根拠を可視化
する技術が今後発展することが期待できます。併せて，その妥当性を
判断するための，人間側の経験や勘の定量化も重要度を増すものと考
えています。

参考文献

［1］　一般社団法人 日本自動車連盟，"信号機のない横断歩道での歩行者
　　横断時における車の一時停止状況全国調査（2022年調査結果）"，
　　https://jaf.or.jp/common/safety-drive/library/survey-
　　report/2022-crosswalk

［2］　農林水産省，"農林水産基本データ"，https://www.maff.go.jp/j/
　　tokei/sihyo/index.html

第4章：「認知」とブラックボックス

中嶋　豊

1　はじめに

「認知」とブラックボックスというテーマで話を進めさせていただきます。簡単に自己紹介をさせていただくと，経歴としては文学部で心理学の学位を取得しまして，その後理工系の研究機関や大学に長くいました。その中で神経科学，計算論，安全工学などいろいろな分野に触れてきまして，今は新潟大学の人文学部にいるという状況です。研究テーマとしては，実験心理学で，感覚・知覚・認知に関わる，ヒトはなぜものが見えているか，といった心理学を専門としています。一方で先ほどお話しした通り，理工系の方では，仮想現実であったりとか，5000Hz のリフレッシュレートまで出せるような高速度プロジェクターを見た時のヒトの知覚であったりとか，応用可能性も含めて研究テーマとしていて，そこから機械と人間の関わりという観点で自動運転に関わる研究を進めているということで，今回 ELSI の関係のグループで研究を進めている状況になっております。ですので，実験心理学と応用的心理学の二本柱と，その間を繋ぐような研究をする形で，幅広くというのか落ち着きがないというのか，いろいろな分野で研究を進めているような状況であります。

　今日のお話としては，まずヒトの知覚・認知にどういう特徴があるかということを自動運転との関わりからお話しして，ものを見るだけ

ではなくて，ヒトが物事をどう判断しているかということも自動運転と関連づけてご紹介したいと思います。その上で，自動運転を使っていくのは人間で，それとインタラクションするのは機械ですので，ではその機械をどう使っていくか，機械をどうやって信頼するかという話と，認知とブラックボックス性の関わりを最後にまとめさせていただきたいと思っています。

2　ヒトの知覚認知の特徴・モノの見え方

　まずはヒトの視野のお話です。いま皆さんは画面を見ていたり会場の我々の姿が見えていたりすると思いますが，ヒトの視野の感度は全体で均一ではありません。例えばヒトの網膜，眼の中にある明るさや色，形を見るためのセンサーである錐体細胞は中心視野に多くあります。ですので，視野の真ん中でものを見ないと，ものはよく見えません。周辺視野でものを見ると，形は見えにくいですし，色はよく見えません。見えているように感じるのは，それはそのようにヒトの情報処理によって補完をしているためで実はよくは見えていないのです。また，センサーの細胞の情報取りまとめた視神経の出口が眼球にはありまして，そこが盲点と言われているところです。いま皆さんは視野全体のものが見えていて視野に欠けている穴はないと思っているかもしれませんが，簡単な方法で穴に気づくようにすることもできます。ですので，実は人間の眼の中には左眼右眼それぞれ一カ所ずつものが見えない場所があるのです。視野内の感度についても，中心視野では小さな文字でも見えますが周辺視野に行くにしたがってかなり文字が大きくないと見えません。知覚認知の特徴の一つは，このように，視野の感度が不均一であることが挙げられます。

　また，両眼で見えている範囲は正面に対しておよそ180度から200度ぐらいと言われ，こめかみより後ろはほぼ見えない状態です。両眼で普段見ている範囲というのはおよそ40度の範囲で，このうち本当に良く見える範囲というのは，大体視角2度程度の中心部分の狭い範囲の視野と言われています。また，いろいろな情報処理ができる範囲として視角20度程度が有効視野と言われています。ですので，両眼によって200度，180度程度の視野はカバーしていますが，一度に全部のものがはっきりと見えている訳ではないことも分かるかと思います。

　ものを見るための情報処理が不均一であることを説明するためによく使われるほかの例として，Change Blindness（変化盲）というものがあります。2枚の画像が連続して提示されるのですけれど，その間にグレーの写真が出てきて，2枚の画像の間でどこか一箇所だけ変化しています，だけれども中々変化した箇所に気づくことができません，というテレビなどでもよく見かける現象です。自分としては全体的によく見ているはずなのに，どこが変わったかということに気付けないというのは，まさに視野全体を一度で見ているわけではないことを示しています（講演では実際に現象のデモンストレーションを実施しました）。このように，いま皆さんも視野が広がっていて全部はっきりと見ているなと思っていても，実はちゃんとは見えていません。そして情報処理も全体的にすべて同じようにしているわけではないということがこの例からも分かるかと思います。

　情報処理が不均一であることの他にも，明るさのセンシングの問題もあります。明るい所と暗い所ではそれぞれ見え方に限界があります。暗くて見えないところの限界，絶対閾もありますし，明るすぎる

限界，刺激頂というのもあります。さまざまな明るさの環境に対応するためヒトは周りの明るさに合わせる順応ということをしています。暗いところでははじめは何も見えませんが，しばらく暗いところにいると，どんどんものが見えるようになってくることがあります。これは，先ほど少しお話した，網膜の錐体細胞や桿体細胞と呼ばれる細胞の働きで，暗いところにいればある程度その環境に合わせて暗いところでも光が見えるようにする仕組みがあったりはします。ただし，もちろん限界があります。

　こうした人間の視覚の機能の限界を踏まえて，自動運転などの機械とのインタラクション，AIとのインタラクションの場面を想定すると，機械の側からヒトが知覚できない情報を伝達したり可視化したりすることがありえます。つい最近の例として，ある企業のニュースリリースの中に，可視光で得られる映像と，近赤外光で得られる映像をうまくフュージョンして情報提示をするというものがありました。ヒトは赤外光を見ることはできません。近赤外光というと見えるかどうか微妙なところですけれども，ヒトが見えない部分の情報を，機械は見えてますという形で情報提示することが今後出てくる可能性があるということを示していると考えています。画面では提示されるけれども，目視できない情報がそこにあらわれるわけです。例えば，ヒトには真っ暗にしか見えない場所の中に，「今そこに子供がいますよ」とシステム内から注意喚起がされる。ヒトには見えていないわけで，「それって本当にいるの？」と疑問を持ってしまうと，ヒトがどこまでシステムを信頼できるかということが問題となってくるかと思われます。ただ，この状況は一時話題になったスマホのゲームでAR（Augmented Reality：拡張現実）の虚像を見ることと一緒なんです。

現実にはそこに何もいないけれど，スマホをかざすといるように見える。そのため見えないものを提示しても問題にはならないかもしれないですし，もしかしたら「本当はいないのにいるって言っているんだろう」という不信によって，システムが勝手に作成した映像と誤解してしまうこともありうるかと思います。この辺りがヒトの認知とシステムとの差分であり，認知の差分によって問題が出てくるのではないかと想定されるところです。

3　ヒトの認知バイアス（歪み）と自動運転

　ここまで知覚認知の話，知覚のセンシングの話をしていました。ここからはヒトの判断にはバイアスがかかることについてお話しします。例えば，停電に関するアンケートで，停電の回数を減らす代わりに料金を増やすなどの色々な提案をするという選択肢の中でどれがいいですかと言われると，変えない方が良いという選択しがちであるという現状維持バイアスというものがあります。いろいろ良い提案があるにも関わらず，それを選ばないということです。選択肢として「停電時間を短くするけど値段は高くする」から「値段を安くするけれども停電時間を増やす」など色々あっても，現状維持を選ぶという判断のバイアスがあるということが知られています。さら正常性バイアスというのは災害の場面でもよく聞かれていて，ご存知の方もいるかもしれませんが，危険を過小評価して見積もってしまうということを指します。また楽観主義バイアスといったものもあって，他者と比較して自身が危険に合うリスクは小さいと判断する，見積もってしまうっていうバイアスもあります。例えば，若い人の運転行動の自己評価においては，人よりも運転がうまいとか，自分は危険な目にあわない，

といった楽観主義的なバイアスがあることも知られています。

　こうしたバイアスが自動運転の中で関わる部分がどこにあるかと言われると，（日原先生も取り上げていた）自動運転レベル3の中での，RTI（Request To Intervene），TOR（Take Over Request）と呼ばれている，緊急時に運転を代わってくださいという注意が出る場面であると考えています。通常は運転行動に一切関わっていない搭乗者が，突然「限界だから運転を代わって」と言われたときに何を思うか。先ほどの正常性バイアスや現状維持バイアスのことを考慮すると，「限界？いやまさかそんなことないでしょ。自動運転を続けてほしいのだけど」のように考えるかもしれず，広くシステムから発せられる警告や情報提示を受け入れないという可能性がありうるわけです。ですので，システムが信頼されることが非常に重要であると考えています。

4　自動運転の受容・安心感・信頼関係

　知覚センシング，認知バイアスと今までのふたつの話の中でシステムをどう信頼するかという話が出てきましたが，私の研究の中でも関連した研究をしていまして，自動運転を受容する，自動運転を今後よりよく受け入れていく，使っていくにはどうしたらいいかということを検討しています。具体的な例としては，前方を走行している自動車を追い越しますか追い越しませんか，といった運転挙動について自動運転車から判断を尋ねられるインタラクション場面を設定して，そうしたときに，（ロボットのような）顔の映像を提示した方がより運転の操作感が維持されて，安全に運転を引き継ぐことや自動運転の受け入れに寄与するかということを実験しました。結果として顔を提示することはそうした評価に影響はあるとは言えなかったのですが，インタ

ラクションをしている感覚やシステムに対しての親しみ・親密感は向
上するというような効果はありました。

　この実験ではドライビングシミュレータ（DS：Driving Simulator）
を使っていて，いくつかの運転シナリオを設けています。例えば追い
越す場面で前の車に ACC（Auto Cruise Control）で近づいていって追
いついてしまった，この時ついて行きますか追い越しますか，といっ
た場面や，追い越し車線を走っていて走行車線に復帰する時に走行車
線に他の車がいて，その車の前に戻りますか後ろに戻りますか，など
です。その中に少し特殊なケースが入っています。それは ACC で追
従走行をしている時に，システムが安全性を判断をして車間距離を詰
めます（という設定です）。車間距離を詰めた後で，車間距離を維持す
るかそれとも一回離れるか，というようなことを判断してもらう場面
です。この研究では事故や突発的なヒヤリハットは起きないことは暗
に示してはいます。また自動運転レベル 2 を想定していて，運転の責
任はドライバーにあることは明確に伝えています。つまり，ずっと
乗っている間は事故などは基本的に起きない状態で DS に乗っても
らっています。もう少し詳細を説明すると，前の車は時速 70 キロで
走っているところで追いつき，車間距離を詰めます。距離を詰めた 5
秒後に，「このまま前の車に付いてきますか，前の車と少し距離を取
りますか」と質問をして，ドライバに判断してもらうという課題で
す。このときのデータを分析しました。参加者は 21 名，車間距離を
広げる判断をした人が 16 名です。21 名中 16 名ですので 76% です。
今回の実験では，さきほど説明したように基本的には安全に動作して
いるのですけれども，安全に動いているけれども距離が近づくと怖い
と思って離れる，車間距離を広げる判断をしたことを示す結果だった

と言うことです。ですので，安全なことは理解しているけれども，信頼や安心ができていないことを示唆する結果だと考えていまして，この辺り，検討をもう少し進めていこうと思っています。この結果は，少なくともそのシステムが安全であると理解はしていても，それがヒトの安心の感覚とは必ずしも一致しないことを示す例かと思っています。

　では機械を信頼するにはどうしたらいいのでしょうか。ヒトが機械を信頼するときの機械側の要因には，機能の安定性，機能がどうやって実現されているか，機能の目的が知らされているか，などが機械全般を信頼する要因として挙げられています。ロボット，特に AI が関係する自動運転の車も基本的にはロボットと同じと捉えたとすると，安全であること，設計通りに動くこと，親しみやすいことなどが，ロボットを信頼する要因だと言われています。ヒトが機械を信頼するときのヒト側の要因としては，機械を使用するための技能や知識を知っていることに加えて，心理的要因が挙げられています。心理的要因には様々なことが絡んでいるのですが，その中でもインタラクションをすることが重要であるとも言われています。例えば，共同作業をしたときに機械から出される指示が丁寧だと信頼性が高くなること，ヒトと同じ動きをすると評価が高くなること，などが挙げられています。医療用ロボットの場合には，触る理由や触り方を事前に説明を受けていると，触られることを受け入れやすい，ということも知られていて，システムとインタラクションすることが信頼関係を築くためには非常に大事であると言えそうです。

5　ヒトの「認知」，AI の「認知」

　ここまで色々なお話をしましたけれども，認知とブラックボックス性の関わりということで，（根津先生の冒頭のお話を受けて）認知と AI のセンシングの差分ということに焦点を当てると，AI がヒトに似たようなシステムでセンシングをすれば AI のことを理解できるのだろうか？ という点も問題として挙げられるかとは思います。例えば，人間同士の理解や信頼というのは，相手のことをよく知らなくてもまあまあはできます。それは「人間とはこういうものだよね」というソフト面やハード面の推定ができるために可能になっていることが理由としては挙げられるわけです。中身が推定できれば信頼できるものと考えると，AI を必ずしもヒトのセンシングに近づける必要はないですし，むしろ AI はヒトがセンシングできない部分をセンシングして，その情報を提示することが大事かとも思います。ただ，信頼の観点から考えると，その AI がどういうものなのか，中身をある程度推定させる要素を使用するヒトに対して提示する必要はありそうとは考えています。また，先ほど AI や機械を信頼する時にはインタラクションが重要だとお話ししましたけれども，意図的にインタラクションを増やすことも信頼形成のための手段の一つとして必要なのではないかという意見もあります。この機械についてはよくわからないんだけれども，とにかく使っていきましょう，と。とにかく使っていくことを戦略的な信頼形成の手段とするという意見です。

　AI の中身を知るための要素が必要，という話は，適切な情報提示，UI（User Interface）を考えなければならないという話につながるかと考えています。このとき，情報のフィードバックをしていくこと，機械の現在の状態であったり機能限界であったり，AI であれば

その判断の根拠を提示するであったりなど，適切な内容の，適切なタイミングでのフィードバックが，中身の推定や信頼関係の構築には重要になっていくのではないかなと考えています。心理学者っぽいことを言うと，見たとか体験しただけで挙動が理解できるような UI を考えることも必要なのではないかと，そのヒントになるものはアフォーダンスやシグニファイアにあるとも考えています。例としては，丸いドアノブを見ると，皆さんは見ただけで回して開けるドアかなと，平たい板が付いているドアならば，押して開けるドアかなということを，説明をうけることなく難なく理解できるというものです。ドアについているノブや板のように，それがその物を見てヒトがどういう行動をしたらよいかがひと目で分かるような，AI に関してはその挙動や情報提示をしただけで，AI がなぜその挙動をしたのかがわかるような何らかの仕組みを作ることが，AI を使っていく上で，信頼する上で大事なことではないかなと考えております。

6　おわりに

　まとめとして，AI を利用していく場面においてブラックボックス内部を全部明示することは必要ではないと私は考えています。ただしヒトがその内部をどのようなものかを推定できるような工夫が必要になるとは考えております。まとまりのない話で申し訳ございませんが，これで以上になります。どうもありがとうございました。

閉 会 挨 拶

山﨑 達也

　今ご紹介いただきましたBDA（ビッグデータアクティベーション）研究センターのセンター長を務めております，山﨑と申します。本日は会場で参加された方，またZoomで参加された方，新潟大学のELSIセンターのシンポジウムに，年末のこの忙しい時に，またこの議論に熱心にご参加いただき，どうもありがとうございました。私の所属しております，このビッグデータアクティベーション研究センターというのは，新潟大学のコアステーション制度ということで，全学の部局から関係する教員，この関係というのはAI，それからデータサイエンス，IoTなど，まさに現在いろいろなところで使われている技術に関心がある，あるいは実際に使っている，そういう教員が集まっているところです。そういう意味ではこの技術を実際に社会に使ってもらうためには，今後このELSIという課題は非常に重要なところになります。本日はこのELSIに対しまして，こういった最新技術を社会に実装する際にELSI研究はどうあるべきかということで，自動運転技術という一つのテーマを取り上げていただきまして，そこに関しましてまず根津先生からこの企画趣旨を説明していただき，そして三名の先生方，日原先生からは法律学の観点から，そして今村先生からは工学の観点から，そして中嶋先生からは認知心理学の観点から，この自動運転技術これを社会実装にもっていくために何が課題な

のか，何が違うのか，非常に面白い議論をいただいたと思っております。

　今日のお話を聞いて私，頭によぎったのが，「群盲，象を評す」という言葉でございます。「群」というのは群れですね。「盲」は盲目のことですね。「象」は動物の象です　多くの目の見えない方が，象を触ったときに，いろんな評論をするという寓話に基づくもので，例えば実は私は講義でこの話を使ってるんですけれども，一人の目の見えない方が象を触ってこれは大蛇だと，別の方は足を触って大きな大木があると，また3人目の目の見えない方は耳を触ったときに大きな鳥がいると言うわけですね。この「群盲，象を評する」という言葉は，場合によっては「木を見て森を見ず」といった，細かいことしか見えてないという捉え方もされるんですけれども，今日は違って，一つの大きな課題はいろんな観点から見るといろんな見方ができるというふうに私は捉えました。そしてこういうことを合わせていったところに最後にその巨象が浮かび上がってくるんだと思います。そういった意味では今日の3人の先生方の各観点とそれを取りまとめられた根津先生のこのモデレーターの手腕で，非常にこれから社会実装するに当たってどういうところに着目すればいいのか，というのがよくわかったというふうに思います。ELSIが関係する問題はこれだけではもちろんないと思います。例えば個人情報とか，皆さんも今いろんなところでインターネットを検索していると思いますけれども，自分のデータや情報がどこに行ってるかご存知でしょうか。それからイギリスや中国ではもう街中にあるカメラ，日本でもかなり広まってきました。これらの防犯カメラと言えば非常に良い言い方ですが，監視カメラと言ったらどうでしょうかね。こういうふうにさまざまな技術が進んで

います。ただそれは人間の捉え方によって色々変わってくると思います。こういったところに ELSI の観点から我々は切り込まないといけないと思います。

　そして今日聞いていて思いましたのは，やはり技術を使うのは人間であるのですが，人間の捉え方というのはいろんな観点もあるということです。技術も，社会実装したときに何が正義で何がいけないことなのか，それを判断するのも人間である，と。そして生活が我々の基盤にある，一言の英語で言うと life ですね。新潟大学はライフイノベーションを一つのフラッグシップにしております。その意味でもこの ELSI の考え方を取り入れて，大きな課題をみんなで一つの巨象が見えるようにして行くっていうのは，新潟大学のライフイノベーションにつながることだと思います。今後 ELSI センターが立ち上がったときに非常に大きな役割を担われることと思って期待しております。今後もこういうイベントを期待しております。本日ご参加いただいた方ありがとうございました。以上でわたくしの挨拶とかえさせていただきます。ありがとうございました。

◆ 第 2 部 ◆

特別寄稿：
新潟大学 ELSI センター・
明治大学先端科学 ELSI 研究所
社会実装研究会共催
国際シンポジウム報告概要

特別寄稿に至る経緯

根 津 洸 希

　この第2部では特別寄稿として，AIと刑事法を研究するドイツの若手研究者2名の研究を紹介します。2人の論考は，2023年9月21日に開催された新潟大学ELSIセンター・明治大学先端科学ELSI研究所共催「第2回国際シンポジウム『AIと刑事責任』」における両氏の報告を根津が訳出したものです。

　まず，ドイツの若手研究者の論考が本書に掲載されるに至った経緯について説明します。AIと刑事実体法の研究者であるLasse Quarck氏とは，筆者（根）のドイツ留学時代に面識を得ました。筆者は当時から「AIにも刑事責任が認められるのではないか」という問題意識を有していたところに，ハンブルグにて開催されたAIを巡る若手中心のコロキウムにてQuarck氏が「AIにも刑事責任を認めることができる」旨の主張を伴う報告をされました。その報告に触発された筆者が親近感を抱き，報告後の同氏に拙いドイツ語で自己紹介し，その後もいろいろと意見交換をしたのが交流の始まりでした。

　また，AIと刑事手続法の研究をされているHüveyda Asenger氏との交流は，同氏から私のもとに突然一通のメールが送られてきたことに端を発するものでした。そのメールで氏は「日本での研究滞在を計画しているが，日本でAIと刑事法の研究をしているのは根津だと聞いた。研究滞在期間中の受入教員になってくれないか。」と問い合

わせてきたのでした（ただし実態は Asenger 氏が筆者の友人である日本人研究者に相談したため，筆者の名が挙がったに過ぎないようです）。しかしながら短期の研究滞在においては様々な日本人研究者との交流，情報・意見交換も非常に重要であるので，そうであれば新潟よりも東京に滞在するのがよいと考えるに至りました。そこで，明治大学比較法研究所に受入れをお願いすることとなった経緯があります。

　その後，また別の機会に明治大学先端科学 ELSI 研究所の中山幸二所長より国際シンポジウムの開催について，ドイツ人若手研究者を紹介して欲しい旨の問合せを得たことから，Quarck 氏と Asenger 氏を推薦し，冒頭のシンポジウム報告というかたちに結実した次第です。

　シンポジウムでの報告を快くお引き受けくださった Quarck 氏，Asenger 氏はもとより，シンポジウムの計画・運営にご尽力くださった明治大学先端科学 ELSI 研究所の中山幸二所長，吉田直可先生，また出版の許諾を頂きました明治大学の中林真理子教授，Asenger 氏の受入れを快くお引き受けくださった明治大学比較法研究の Heinrich Menkhaus 所長，黒沢睦教授には，この場を借りて改めてお礼を申し上げます。

第1章：AI 利用に際しての 刑事責任

ラーセ・クヴァーク（訳：根津　洸希）

　本日はこのような研究会にお招きいただきありがとうございます。本報告は，私の博士論文の中核的なテーゼについてその概要をご説明したいと思います。

　デジタル化の話題は多岐にわたり，話題性が高いため，私たちは仕事でも日常生活でも常にデジタル化に直面しております。デジタル・メディアの利点を教育に生かすことであれ，携帯電話ネットワークを拡大することであれ，この巨大な変革のプロセスは，事実上，生活のあらゆる分野に影響を及ぼしています。技術革新はその果てしない量もさることながら，この変化のスピードには息をのむほどです。ほんの数年前まで新しく革新的だったことの多くが，今では当たり前とされ，あるいは時代遅れとさえなっております。

　最近注目すべき最もエキサイティングなテクノロジーのひとつは，人工知能であると私はみております。少なくとも ChatGPT 以降，ほとんどの人は，AI がすでにどのような能力を持っているかに気づいています。私たちは日常生活の中で，常に意識的に，あるいは無意識に AI に遭遇しています。チャットボット，画像認識のようなパターンを認識できるソフトウェア，自動運転車，医療・介護ロボットはほんの一例に過ぎません。日常的な出来事のほとんどは，もはや AI やデジタル・ネットワークなしでは機能しないでしょう。新技術の活用

によるこの変化は，破壊的な可能性を大いに秘めており，私たちの生活の現実を持続的かつ長期的に変えていくでしょうし，その発展の第一段階は既に我々の目の前で起きているのです。

　新技術が使用される場合，これは通常，法的な重要性を持ちます。その使用そのものを規制する必要があるか，あるいはその使用が当初は予測できなかった結果をもたらし，事後的に規制する必要があるためです。このような場合に対し，どのような対応がなされうるでしょうか。現行法は，このような課題に適切に対応できる手段を提供しているのでしょうか，それとも，何らかの調整が必要でしょうか，あるいはより積極的に言えば，さらなる発展の必要があるのでしょうか。

　解決策の一つの例としては，ドイツ道路交通法第1条 a における高度／完全自動運転の許容要件の規定が挙げられます。そこで問題となったのは，多くの運転支援装置を搭載した自動車が事故を起こした場合，誰が責任を負うのか，ということでした。

　ドイツ道路交通法第1条 a 第4項
　　車両運行者とは，第2項にいう高度／完全自動運転機能を起動し，車両の操縦に用いた者をいう。この機能の通常の利用の枠内で，自らの手で車両を操縦していない者もこれに含まれる。

　ここで選択された解決策は，当該自動車にどれほど多くの技術的な仕組みがあろうと，人間が常に責任を負うというものです。これは実際，実務に親和的でシンプルな解決策のように思えます。すなわち，ある技術を使用する者は，その使用から生じるいかなる結果に対しても責任を負うということです。

しかし，このアプローチを単純にすべての状況に適用することはできません。人間の責任が常に認められるとは限らないように思えるからです。例えば，ドイツ道交法第1条aでは，人が常に運転プロセスに影響を及ぼす可能性を持っています。しかし，そうでなくなった場合，つまり部分的自動運転ではなく完全自動運転になった場合はどうなるのでしょうか。完全自動運転については，すでに世界中で多くのテストが実施されています。

　人間の責任が否定される条件と，その帰結がどのようなものかを説明する前に，まず人工知能の仕組みについて概観しておきましょう。新しいテクノロジーを学際的な視点から分析するためには，そのテクノロジーがどのように機能するかについての基本的な理解が必要です。

　AIの中核的な特徴は自律性にあります。AIは，人間の直接的な影響を受けることなく，自ら決断を下すことができます。つまり，ボタンを押したり，レバーを引いたりする必要がなく，勝手に行動するのです。重要な違いは，弱いAIと強いAIの違いです。弱いAIとは，例えばチェス・コンピュータのように，1つまたは少数の問題を解決することに特化した，領域特化型のシステムを指します。それとは対照的に，強いAIは人間と同等の知的能力を持つか，あるいはそれを凌駕します。自らの意思で行動し，極めて柔軟に問題を解決します。

　現在の既存のシステムはすべて弱いAIです。しかし，将来的に強いAIが開発されることは議論の余地がありません。問題は専らそれがいつになるか，です。強いAIを可能にするもののひとつが，人工ニューラルネットワークの利用です。人工ニューラルネットワークとは，ニューロンというスイッチング素子のネットワークで，人間の脳

をモデルとし，グリッドやレイヤーに配置されています。ニューラルネットワークでは，数百から数千のニューロンが相互に接続され，層状に配置されています。入力層，出力層，そして通常，入力層と出力層の間にある非常に多数の隠れ層が区別されます。ニューロン間のリンクは最初から固定されているわけではなく，入力される刺激に異なる重み付けをすることができ，したがってニューロン間のリンクの強さも異なります。これは，2 進数で 1 か 0 しか認識しない古典的なコンピュータの処理とは異なります。

　AI はあらかじめ訓練されることで，自律的に行動する能力を獲得します。これにはさまざまなアプローチがあります。例えば，人間の顔とその特徴など，目的の用途に応じた包括的な学習データセットが利用されます。そうすると AI は顔のパターンを学習し，それらを認識できるようになります。そして，正解した場合には，肯定的なフィードバックをシステムに与えるのです。これがいわゆる強化学習です。そうすると，正解に結びついたニューロン間の接続の比重が高くなり，次はさらに高い精度で機能するようになります。AI は長く訓練されればされるほど，より効果的にタスクをこなすようになるのです。

　しかし，AI は，例えば，猫には尖った耳や，毛，尻尾に特徴があるなど，いくつかの例を用いてパターン認識自体を学習することもできます。そして，未知の入力が学習した特徴と一致する確率，つまり新しい画像にも猫が写っている確率を計算するのに使われます。

　人工ニューラルネットワークの部分的に閉じたシステムとその学習能力により，AI が驚くような行動を取ることがあります。その一例が，2016 年 3 月に韓国のイ・セドルを 4 対 1 で破ったアルゴリズム，

AlphaGo です。第 2 局で，AlphaGo はそれまで一度も指したことの
ない手を指しましたが，この手を人間が指す確率は 10000 分の 1 でし
た。したがって，高度に発達した AI システムには，意外な行動がつ
きものなのです。

　以上が AI の仕組みの概要です。ここで重要なのは，強い AI と弱
い AI の区別であり，自律的に決断を下し，独自に学習し，予期せぬ
道を歩む能力です。したがって，AI は部分的に人間から独立して行
動することとなります。

　以下では，AI が犯罪を引き起こした場合の影響について検討しま
す。ここでまず考えなければならないのは，人間の責任です。責任を
問われうるのは，一方ではプログラマーや製造者であり，他方では
AI の利用者です。

事例 1：*甥 N は介護ロボットの設定の際，その遺産を得るため
に，被相続人たる叔父を階段昇降機にそっと乗せるのではなく階
段から突き落としてしまうほどの必要以上に強い力を出すよう介
護ロボットを設定した。*

　人工知能に意識的かつ意図的な影響を与えたことが結果の原因とな
るケースは，まったく問題ありません。この場合，結果の直接の原因
は人間であるため，責任は常に人間にあります。

　これは紛れもない謀殺事件です【訳者注：「謀殺」とは，通常の故意
殺人よりも手口や動機等が非常に悪質であるがゆえに重く処罰される罪】。
行為者が犯罪を実行するために使用する機械がいかに技術的に高度な
ものであろうと，行為者がその機械をコントロールしている限り，可

罰性に影響はありません。

　より難しいのは，人による直接的または意図的な影響がなかった場合です。その場合，過失の領域に入ってきます。一般的に言えば，過失は必要な注意を怠った場合に問われます。この不注意は予見可能でなければならず，また客観的に帰属可能でなければなりません。客観的帰属は，行為者の行為が許された危険を超えており，かつ規範の保護目的の範囲内にある場合，すなわち立法者が規範を通じてこのようなケースを防止しようとしていた場合に肯定されます。

過失犯の成立要件

1. （結果と事実的因果関係）
2. 注意義務違反
   a. 予見可能性
   b. 許された危険の超過
3. （違法性連関）
4. （保護目的連関）

　上記の括弧書きになっている点は，AI 事例の特殊性において取り扱われなければならないため，本報告では立ち入らないこととします。

　まず第一に，注意義務に反し，因果的に結果を惹起した行為がなければなりません。ここでの難しさは，どのような行為が注意義務に反しているのかを限界づけることにあります。この点については，AI システムのメーカーや開発者のために，法的安定性がなければなりません。そうでなければ，関係者がすでに刑務所に片足を突っ込んでい

ることに常に怯えねばならず，法律はさらなる技術開発のブレーキになってしまうからです。このような理由から，私は博士論文で以下のような注意義務の一覧を作成しました。これらが遵守されれば，注意義務に反する行為が完全に否定されるわけではありませんが，通常は注意義務に違反することはないでしょう。これらの義務は，AIが市場に出る前に遵守すべきものと，市場に出た後に遵守すべきものに分けることができます。

市場流通前

- 他の製造物と同様，AIの内部（と可能であれば外部）が注意深く設計されねばならない。
- AIのプログラミングと学習に際しては，まずもって十分な量の，様々なデータセットを用いねばならない。学習には一定の最低限度の時間を確保せねばならない。
- 技術的に可能であれば，AIが下した判断のパラメーターと，場合によっては学習プロセスを記録するために，ログ・レコーダーを組み込むべきである。

市場流通後

- エンドユーザーはまず，AIの取り扱いについて教示されなければならない。事例1を変更し，介護者が不注意で誤った設定をしてしまったとしよう。その場合，介護者がどの程度十分な指導を受けたかが審査される必要がある。
- 車の車検と同様に，AIの定期検査を実施しなければならない。その際ログ・レコーダーも精査されねばならない。

第2部　第1章：AI利用に際しての刑事責任

無論，すべての要件を一般化し，決定的な形で定義することはまだ不可能です。しかし，これらは考えるための材料にはなるでしょう。これを念頭に置いて，別の事例を見てみましょう。

> *事例2*：F社の社長は，コスト上の理由から，次世代の自動運転自動車に距離測定用の赤外線システムを搭載しないことを決定した。当該車両はカメラシステムのみ搭載している。そのうちの一台が，改造バイク（セルフカスタム）の小さく低い位置につけられたLEDテールランプを，地平線上の街の明かりだと見誤り，車間距離が近付いているにもかかわらずブレーキを踏まなかったために当該バイクに衝突した。バイクの運転手は傷害を負い，バイクも損傷した。当該自動運転自動車は市場流通前に数多くの必要なテストを受け，その際に問題はなかった。

事例2では，過失傷害罪の成否が問われます。結果に対して事実的因果関係のある行為は，赤外線システムの省略です。しかし，市場流通許可に必要なテストがすべて実施されていたことを考慮すると，むしろ遠因であるといえます。また，このバイクはセルフカスタムであったことも考慮しなければなりません。したがって，F社がこの特殊な事例を予見することは不可能でした。しかし，事故を認識した後に事故を防止するための措置がとられなかった場合には，過失が存在することになります。こういった理由から，定期的な点検が必要なのです。

しかし，それが強いAIに分類されうる，適応的で自律的なAIだとしたらどうでしょうか。既に述べたように，そのようなAIがそう

遠くない将来に登場する可能性は高いです。法的議論の必要性を SF であるとして片付けるのは，あまりにも短絡的でしょう。

> 事例3：開発者 E は，家事一般の手伝いやパートナー代わりとして機能する，新しいタイプの自律学習型ロボットをプログラムし，非常によく売れている。E はその分野の第一人者であり，ほかの誰もこのようにコードをプログラムすることはできなかった。E はプログラムに際しあらゆる法規を遵守した。このロボットのうちの1台が持ち主に虐待され続けたため，ロボットはついにフライパンで持ち主を殺してしまった。このような行動は，初期プログラミングでは予定されておらず，AI の個々の学習プロセスの結果としてはじめて後から生じた。

この事例においては，開発者に過失の可罰性が認められるかが問題となります。このような人を死に至らせる行為は AI のプログラミング段階では予定されていませんでしたが，そもそも E がロボットを自律的に学習できるようにプログラムしたことが当該結果の原因となっています。したがってロボットを自律学習できるようにしたという行為は，結果に対して事実的な因果関係があったことになります。

続いて，ロボットのそのような行動が予見可能であったかが問題となります。論理的には，行為者が責任を負いうるのは，自らの行為が危険をもたらすことを認識することが可能であった場合に限られます。当該結果が生じることが経験則に基づいてありえないではないといえる場合には，危険性を認識可能であったといえます。すでに確認したように，自律型 AI のシステムには意外な行為がつきものなので

あれば，これを予見できなかったと主張することはできません。自律
学習システムでは，いわばすべてを覚悟しなければならないのです。

　最後に，その危険は法的に否認されたものでなければなりません。
つまり，許された危険の限度を超えていなければなりません。いわゆ
る社会的に相当な危険であればこの限りではありません。これは，損
害の発生が統計的に予見・予期可能であるにもかかわらず，社会的効
用の観点から容認される危険性を指します。必要な安全対策や法規が
適切に遵守され，リスクが最小限にまで低減されている場合は，不法
とはなりません。

　道路交通はその最も相応しい例でしょう。何千人もの死傷者を見れ
ば，道路交通が危険であることは否定できません（ドイツでは交通事
故で亡くなる人の方が殺人で亡くなる人より明らかに多いです）。しかし，
十分な注意を払って自動車を運転することは禁止されていません。そ
うでなければ我々の社会的共同生活が成り立たないからです。した
がって，社会的効用は明らかに危険性を上回っており，それゆえこの
危険性は原則的に社会的に相当であるといえます。例えば，包丁のよ
うな危険な製品の販売も同様で，包丁がなければ食品の調理ができま
せん。現在，AI が多くの生活領域で利用され，前述の（そして場合に
よってはさらなる）注意義務が遵守されていると仮定すれば，社会的
相当性に基づいて許された危険を肯定することができます。軽微な残
存リスクを完全に排除することはできませんが，技術の社会的効用は
そのような危険性を上回るのです。

　その結果，人間の責任が否定される場合もあります。また，AI 自
身に責任を問うこともまだできません。これが答責の間隙【訳者注：
事件・事故は生じているのに責任をとる者がいないという状況】を生み出

しています。したがって問われるべきは，このことが刑法の観点から受け入れられる状況なのかということです。

　刑法の目的は，まず犯罪者の罪に対する応報にあります。しかし，刑罰には予防的な目的もあります。一方では，行為者はさらなる犯罪の実行を思い留まるべきであり，再社会化されるべきです。他方では，刑罰は他の人々に抑止効果をもたらし，法の支配とその規範に対する信頼を強化するものでなければなりません。

　特に，人間に比肩する能力を持ち，場合によっては見た目も似ている強いAIの場合，これは問題となりえます。予想しうる問題に対して，国家が法的な解決策を持っていないという印象を与えるであろうからです。そうなると規範に対する国民の信頼は揺らぎかねません。

　したがって問われているのは「AIは刑事責任を問われうるか」です。テクノロジーのように，新たな状況を切り開く場合に，緊張関係が生み出されます。そこでいう緊張関係とは，法政策上の規制の必要性と既存の理論との間の緊張関係です。刑法の場合，理論的な前提のひとつは，人間を中心に据えることです。この人間中心主義的な考え方により，ドイツには法人処罰が存在しません。あるのは，たとえば秩序違反に関する法律のように，法人に向けられた制裁につき人間が責任を負うこととなるような構成要件だけです。法人自身には行為能力も責任能力も認められません。

　また，行為能力と責任能力との関連性は，AIの刑事責任が内包する2つの主要な問題でもあります。まず，行為という概念を見てみましょう。刑法上の行為とは，一般に，意思に基づく人間の態度を指します。態度とは，作為と不作為の両方を意味します。行為は，法定構成要件との関連で具体化されるという意味で，包括概念といえます。

例えば，ドイツ刑法第 212 条第 1 項には「人を殺した者」とあります。殺人という行為は，極めて様々な方法でなされえます。包括概念としての機能に加えて，行為は特に，一般的に処罰されない行為を画定することに資するとされます。このため，従来からの見解によれば，意思に基づく人間の態度でなければならないとされています。動物や眠っている人は可罰的とはなりませんし，単なる反射的動作は行為ではありません。

この有意性にどのような要件を課すべきかという議論は，刑法典の成立以来続いてきました。私見では，行為の概念を過度に規範化すべきではありません。特に，行為の有意性を構成要件実現の意思と同視することはできません。もしそうだとすれば，故意が行為の概念に持ち込まれることになります。同様に否定されるべきは，有意性に加え，社会的相当性を要求する見解です。何が社会的に相当で何が相当でないかは，行為と非行為を区別するにはあまりにも曖昧です。法治国家において，構成要件に該当する行為はすべて社会的に不相当なのだから，その点でも社会的相当性を要求するのは屋上屋を架すものです。有意性を，何かをしようとする意思と定義する理解が望ましいでしょう。行為は，自身の内心から行われるものであれば足り，正確な経過についての表象はなくともよいのです。

この理解によれば，強い AI だけでなく，高度に発達した弱い AI も，人間の影響を受けずに活動するのであれば，行為能力があることとなりましょう。行為論の枠内においては意識や自由意思が存在する必要はありません。たしかに AI の行為はそのプログラミング，つまり外部からの目標設定に従うことは事実です。しかし，個々の行為とその具体的な実行は AI に帰属可能です。どうすれば目標達成にとっ

て最適であるかを判断するのは AI だからです。私見によれば，人間であるという前提も省くことができます。というのも，この前提は動物や法人の態度を除外することを意図したものだからです。かつての立法者の頭の中には，人間のような認知能力を持つ存在が存在しうるという考えがまだ存在していなかっただけなのです。したがって，刑法が人間だけに向けられているという考えは捨て去られるべきでしょう。

　さきほど，行為性を構成するためには意識や自由意思の存在は必要ないと述べました。では責任能力においてはどうでしょうか。

　刑罰は責任を前提とするという原則は，刑法の中核的な原理のひとつであり，法治国家の基盤のひとつです。責任という否定的価値判断によって行為者は，適法行為を行う決意を持ち得，適法な行為をすることができたにもかかわらず，不法行為を行う決意をし，適法行為をしなかったことを非難されるのです。この非難可能性は，人間には自由意思があるという理解に基づいています。しかし，脳研究の知見によれば，自由意思は脳の神経細胞のスイッチングの結果であり，遺伝，社会的要因，ホルモンのような脳の状況的物質構成など，さまざまな要因の産物にすぎません。いずれにせよ，人体の生物物理的機能から独立した，超越的な形而上学的状態という意味での意思の自由を示す明確な証拠はありません。しかし逆に，自由意思が全く存在しないことを確実に証明することもできません。決定論者と非決定論者の間の論争は，当面解決されることはないでしょう。しかし，責任の基礎として自由意思が引き合いに出されるのは，すべての人が自己認識において自由意志を持っているという事実が大きな要因となっています。そしてこの自己認識は他者にも転用されます。加えて，自由意思

は社会的現実の本質的な部分です。自由意思は文化や言語に根ざしています。従って，責任能力を肯定するには，生物学的な意味での自由意思は不要です。厳密に言えば，法律学においては責任能力も自由意思も，外部的に承認されるものなのです。参照される基準は自己認識です。ある人が自由意思を持っているということが外的観点から見て妥当であれば，責任を認めることは可能です。逆に，例えば重度の精神障害を持つ人のような場合には，責任能力が否定されます。たとえ決定論的世界観を証明できたとしても，責任を肯定することは可能でしょう。そうでなければ，法制度全体が崩壊してしまいます。

　もし自由意志や責任が脳の内部生物学的プロセスに基づくものではなく，外部的に承認されるものであるならば，そのような外部的承認は人間以外の存在形態に対しても原理的には可能です。したがって私は，強い自律型 AI に責任を認めることは可能であろうという結論を支持します。確かに，自己認識の転用可能性はありません。しかし，責任を外部的に承認することが妥当かどうかを外部から観察することは可能です。AI に備わっていなければならない能力とは，例えば，コミュニケーション能力や，さまざまな選択肢を考量する能力，法規範を理解する能力などです。AI が，その行動を一応の合理性をもって説明・予測できるほどに十分に複雑なネットワークを持っているものと確信できるのであれば，意識と自由意思を承認することもできます。

　もし強い AI が原理的には刑事責任を負いうるとすれば，それに続いて多くの問題が生じます。AI にとって適切な制裁とは何か。これらの制裁は刑罰的性質のものなのか，それとも別の種類のものなのか。AI に独自の法的地位を与えるべきか。AI には権利があるのか。

78

これらの疑問はすべて，将来，法律学において答えが与えられねばな
らないものです。

第 2 章：裁判手続における AI の利用
——ドイツ刑事手続を一例に

ヒュヴェイダ・アゼンガー（訳：根津洸希）

　本日はこのような報告の場をいただきましてありがとうございます。私の研究についてお話させていただくことができ，非常に光栄です。私は 10 月半ばに日本で研究する機会を頂戴しております。皆さんにお会いできるのを楽しみにしております。

　本日は私の研究テーマでございます，AI が裁判手続にどういった影響を与えるかということについて，ドイツの刑事手続を例にしながら，皆さんとお話をさせていただきたいと思います。

　このテーマは非常に広範にわたりますので，本日は概要に留めさせていただきたいと思います。細かいお話は私の博士論文にて扱っておりますため，本日は概要をお話したいと思います。本報告は四つのテーマに分かれております。まずはドイツと EU における，AI を巡る法的状況についてお話しいたします。2 つ目は刑事手続法においてはその議論がどのような影響を与えているのか，ドイツの刑事手続というのは日本の刑事手続きと非常に似ていると言うところがある聞いたことがありますので，両者を比較しながらお話をしたいと思います。そして 3 番目に，AI がどういった分野に適用されているのか，これは国際的な観点からあるいは国内的な観点からお話していきたいと思います。そして最後には展望と結論としてまとめのお話をさせて

いただきます。

　まず最初のテーマとしましてドイツと EU における，AI に関する法的状況についてお話したいと思います。ですがこれについてはあまり多くお話しすることはできません。というのもドイツにしても EU にしても，AI を巡る法的な根拠というのはそれほど整備されていないからです。ドイツで整備されているものに関しては，それほど規制の対象になるというケースがないということから，それほどの法整備が進んでいないというのが現状でございます。これは同じことが EU の現状にもいえます。EU では AI 規制法というのがありますけれども，まだそこまで法整備が進んでいないというのが現状です。

　この EU の規則についての概要を申し上げたいと思います。まず EU では AI のシステムは四つのクラスに分けられます。これはリスク別に分けられているもので，許容できない高リスク AI に分類されているものから，あまりリスクが認められない低リスクのものまで，四つのクラスに分けられています。そして第二に指摘すべきは，透明性の確保と記録化・文書化ということを要件化しているということです。そのほかにも特定の AI については使用禁止することが盛り込まれていたり，AI の認証手続きと適合性評価の方法についてであったりが，この規則で定められています。

　この EU 規制に関しては非常に多くの議論がなされているわけですけれども，メインのテーマとして議論されているのは，新しい技術であるがゆえに，何をハイリスクあるいはローリスク判断するのかといった基準とその根拠となるものはどこにあるのかという点です。この点，イノベーションを阻害してはならないということで，あまりこの基準を厳しくしすぎても，EU の産業的な魅力というのがなくなっ

てしまうという問題も出てきます。それゆえ，もし制裁の可能性が出てくるといった場合には，どういった基準でそれを定めていくのか，どういうふうに基準自体を定めるのか，そして記録を文書化するにしても，EUにおいては非常に手続きが煩雑で時間がかかるという問題があります。こういったものをどのように適合化していくのかが議論になっております。

極めて雑駁にはなりますが，ドイツの刑事手続についてお話したいと思います。ドイツの刑事手続と日本の刑事手続訴訟については，似ていると言うふうに聞いております。

まずは刑事訴訟法における原則について以下にいくつか抜粋して列挙しました。以下に挙げましたものは，AIに関係しうる刑事訴訟の諸原則です。例えば無罪の推定ですとか，公正な裁判を受ける権利，あるいは判事による自由心証主義などです。

> 刑事訴訟法の諸原則（抜粋）
> ・口頭主義：ドイツにおいて刑事裁判は原則的に公開のもと口頭により行われる
> ・武器平等の原則：国家と被告人の間には不平等があってはならない
> ・黙秘権：被告人には黙秘権があり，自らの意思に反して供述する必要はない
> ・効果的な弁護を受ける権利
> ・訴訟経済原則：公判は可能な限り一度の期日で行われる（大きな中断がない）
> ・裁判官の独立性

・比例原則：あらゆる国家的措置は比例原則にしたがって正当
な目的に資するものでなければならない／国家的措置は追及
されるべき目的を達成するに適した手段でなければならない

　刑事訴訟手続きにおいて AI がどのような役割を果たすであろうか
という話ですけれども，AI の技術についてまず明確に定義すること
自体がそもそも非常に難しいと言うことを申し上げたいと思います。
AI というのは強い AI と弱い AI というふうに分かれまして，ここで
問題になってくるのは主に強い AI ということになってきます。なお
現状の技術で達成されているのは弱い AI です。またそもそもこの
AI という技術を定義するのが難しいのです。

　以下に，AI がどのように利用可能かについて列挙いたしました。
まずは DNA の解析などに利用することができます。また，これから
行われる可能性のある犯罪について予想するということについて，
ビッグデータを元に AI を活用するということもできます。これはア
メリカでいくつか行われている事例もあります。リスク評価も AI を
使って行うことができます。ビッグデータを解析するということには
AI は非常に長けておりますので，リスク評価を行うときに有用であ
るということがわかっています。捜査段階における監視機能として
AI を使っていこうという試みもなされています。これは捜査に直接
影響を与えるということではないのですけれども，捜査手法の一つと
して監視を行う際に AI を有効活用していこうという試みになります。

刑事手続と AI：海外での利用例と捜査手続での利用可能性

1. 裁判での証拠解析
   - DNA 解析と証拠解析 AI
   - 顔認証と動画解析
2. 予測的警察活動と犯罪予測
   - AI による犯罪予防
   - リスク評価 ex）アメリカの PredPol や HART
3. データ認識とパターン認識
   - ビッグデータ解析
   - パターンと関連性の認証
4. 監視カメラによる監視
   - 監視システムへの AI の利用
   - データ保護とプライベート領域

　また以下に AI を活用した捜査手法や，どのような応用が国際的に
なされているかというのを列挙しました。挙げられているのは三つの
研究プロジェクトです。そのうちの二つがドイツで行われている研究
プロジェクトです。この研究は，捜査の手続きにおいてどのように
AI を活用していくのか，そしてそれを国際的なコンテクストでどの
ように利用しているかということを主に検討するものです。

現在進行中の研究プロジェクト
- KISTRA（ドイツ）：犯罪の早期発見，データのフィルタリ
  ング，刑事訴追機関の支援のための AI 利用研究／その目的

　は倫理的・法的にも問題のない AI の利用のための方法・大
　枠条件の研究にも及ぶ
・ZAC-AIRA（ドイツ）：AI によって自動化された児童虐待検
　知ツール／これにより捜査がより迅速となり，心理的負担が
　軽減される
・System206（中国）：証拠評価や起訴手続を支援するオール
　ラウンド・ツール（なおクレジットカード詐欺，賭博，詐欺な
　どに限定）

　公判において AI が活用された例としては，たとえば提出された証
拠の分析ですとか，大量にある書類の分析をする際に，AI のサポー
トを得て分析を行うということが挙げられます。また量刑の判断にお
いて，AI のサポートを受けて種々の資料を分析するということもな
されております。

　公判における AI の利用
1. 証拠分析
　・刑罰を決定するための AI
　・証拠の評価（ex. 指紋分析）
2. 訴訟手続の支援
　・文書解析（ex. フランクフルト裁判所の FRAUKE【文書フォー
　　マットによるカテゴライズ AI】／無論，刑事裁判では利用さ
　　れていない。）
　・訴訟手続における通訳・翻訳
　・訴訟手続や文書化の支援

3. 量刑 AI と裁判官の判断形成 AI
　・判例分析
　・量刑提案

　刑事訴訟手続きにおいて，実際に AI が使えるのではないかという分野については，量刑を決める際に多くのデータベースを学習した AI を利用するということも可能ではないかというふうに考えております。日本では裁判員裁判がありますけれども，裁判員裁判でも利用できる可能性があるかどうかということも私の研究の対象です。これについては研究のために日本に滞在をする予定ですので，その時にまた詳しくお話ししたいと思います。

　AI を刑事手続に活用した場合に考えられる問題点を以下に列挙しました。まず，データの質に偏りがおきかねないということです。また，AI のブラックボックス性が問題視されています。ブラックボックス性というのは，AI がどのように考えて結論を導き出したのかという過程が全く見えないということです。これは例えば，AI によって判決が下された場合に，異議申立をする際に，それまでの手続の過程が見えないという点で問題になる可能性があるといわれています。公正で差別のない裁判手続というものについても AI を活用すると問題が発生する可能性があるとされます。AI の判断に対する信頼というのが形成されているかという問題もありますが，ドイツではこの新しい技術に対しては他の国に比べるとまだ少し拒否感があるようで，AI に対する信頼性というのはドイツではほかの国に比べると低いのではないかと考えられます。また倫理的な問題というのも AI の活用に際して発生する問題です。

AI の刑事手続への利用における潜在的問題点

- データの質と偏り
- 説明可能性と透明性：ブラックボックス問題
- 検証可能性と追体験可能性
- 個別の事件における判断形成支援に際しての問題
- データ保護
- 公正性と差別
- 受容性と信頼性
- 恣意的な操作がなされるおそれ

とはいえ AI の活用にはメリットもあります。例えば膨大な時間を割愛することができますし，人的資源も節約することができます。あるいは判決を下すためにより良い状況をもたらすこともあります。例えば，捜査の際に検察官が心理的な圧力をかけて供述を導き出すといったことは避けられるかもしれません。もちろんこれについては反対意見もあるところですので，今後の議論に期待されるところであります。

AI の刑事手続への利用におけるメリット

- 時間の節約：迅速で効率的な訴訟進行
- 効率性の向上：ビッグデータ処理やパターン認識
- 人間の弱点を補う可能性（ex. 偏見，誤解，バイアス）
- 裁判官の判断が予見しやすくなる
- 犯罪の早期発見：予測的警察活動は犯罪の早期発見に資する

> ・児童ポルノの事例や他者に負担を負わせる事例において，心
> 　理的負担を軽減できる

　もちろん課題もまだ数多くあります。例えば AI を使うことによっ
て無罪推定がどのような影響を受けるかという問題があります。また
AI が本当に公正に利用されるかということも問題となります。例え
ば，被告人側が AI による技術やツールを使うということに対して理
解があまりない場合には，不公平が発生してしまうおそれがありま
す。あるいはこういった裁判手続において，AI ツールというのは国
側から提供されるものです。それゆえにまずそこからして不公平が発
生するのではないかなど，さまざま議論を続けねばならない問題があ
ります。

刑事手続上の原則との調和が問題となる点
・無罪推定：データ分析により正式な証拠に基づかずに予断を
　生ぜしめてしまうおそれ
・弁護を求める権利：アンバランスな立証活動
・刑事手続が警察活動的になるという批判：とりわけ警察によ
　る証拠録取の増加
・口頭主義：AI ベースの証拠システムによって口頭主義が軽
　視されるおそれ
・立証活動と証拠録取：過誤や不十分な証拠
・自己負罪拒否特権：AI による情報提供の強制
・審問請求権：AI の判断のプロセスが十分に透明性を有して
　いない場合，AI の判決に対し被告人が異議申立をすること

> ができない
> ・公正な手続を求める権利

　最後に，AI を刑事訴訟に用いた場合についてのポテンシャルについてお話したいと思います。AI を利用する可能性というのは，驚くべきほど広範囲であるということが，研究をしている中でわかってまいりました。そしてドイツでは，いまだこの AI と利用というのは進んでおりませんが，刑事訴訟手続きにおいても将来的には，少なくとも一部では AI のサポートを借りなければ手続が立ち行かないというような状況になるのではないかというふうに，私見では予想しています。ただし AI という技術がいつ利用可能となるのかについては，今後の推移に期待するところでございます。ただ，そのためにはまた新しい法律の規定というものを整備しなければなりませんし，色々とクリアにしなければならない問題もあります。ドイツはそういった意味でまだまだ歩みが遅いのですが，研究開発プロジェクトも進んでいます。

　私は 10 月の半ばに日本に初めて行かせていただくことができることとなりまして，明治大学で研究滞在をさせていただく機会を得ました。日本はハイテク国で，技術が非常に進んでおりますので，まさに私が今研究をしているテーマにうってつけの場所ということで，非常に楽しみにしております。日本とドイツは刑事手続法において多くの類似点があるように聞いていますから，日本で私の研究を進めていけたら非常に嬉しく思います。また日本で学際的な観点からいろいろな方々と議論を重ねることによっていろいろなことに見識を深め，今後の研究に役立てていければ大変嬉しく思います。ご清聴ありがとうご

ざいました。

おわりに──本書の全体像と解説:「結局, AIとは分かりあえるのか?」

根 津 洸 希

1 各報告のまとめと第1部・第2部の関係性

　第1部のミニ・シンポジウムは自動運転技術の社会実装を見据え, その社会実装上の諸問題を抽出, 解決の筋道を提示することを試みる点に主眼がありました。自動運転技術の社会実装を巡っては, やはり事故時の原因究明が大きな課題となりますが, 事故原因究明を巡っては, 自動運転技術に搭載されることが想定される AI 技術の, ブラックボックス性が障壁となります。このブラックボックス性の問題の所在をまずは詳解するべく, ① AI 技術の利用に際し, ブラックボックス性がいかなる法律上の問題となるかを検討し。続いて②そのような法律上の問題を生ぜしめる原因を, まずは AI の構造や技術的側面から工学的に分析しました。また③ AI 技術を利用する人間の側にもブラックボックス性を生ぜしめる要素があるのではないかという関心から, 人間の認識や心理の観点から分析を試みました。

　①について, AI の利用に際して法的問題が生じる典型的な例として, 自動運転自動車が人身事故を生ぜしめた場合が考えられます。そのような事例において, 刑事であれ民事であれ, 当該事故の責任追及をするに際し重要となるのは当該事故と過誤行為との間の「因果関係」と, 過誤行為の主体がそのような事故を予測できたかという「予見可能性」であることが明らかとなりました。たとえば当該車両の製

造者が事故を予測できたかを考えるには，事前に AI の判断と挙動を予測できたか否かが重要となります。また，因果関係についても，当該事故が製造者の設計によるものであるといえるためには，当該 AI の誤判断が製造時の設計によることの立証が不可欠となります。しかし，その両者の解明には困難が伴います。AI は一定の初期設定ののちにはまさに自律的に判断を下すのであって，事前にその判断を予測することは困難である上に，自律学習によって製造時の初期設定とは異なる状態となった場合，それが製造時の設計に起因しているとも言い切れないことがあります。まさにこの点で AI のブラックボックス性が障壁となり，事故時の法的責任の追及を困難にしうることが明らかとなりました。

　②について，上記のようなブラックボックス性が生じるのは，AI の構造に一つの原因があります。現代 AI の自律学習は，深層学習（ディープラーニング）をその中核としており，膨大な情報量により，多層的で「深い」学習をするものです。そのため，人間の処理能力を超えた情報量をもとに学習を行うため，AI の判断を検証・追体験することができません。近時は「説明可能な AI」といった技術も開発が進んでいますが，i）その「説明」は（少なくとも法的責任の立証というレベルでは）十分ではないこと，ii）その「説明」の正確性を担保することができないことが問題として挙げられます。これらの点に AI のブラックボックス性の生じる一端があるということを明らかにしました。

　③について，他方で AI の構造的な面に限らず，我々人間の側にもブラックボックス性が生じる原因の一部があるとも考えられます。我々の目という視覚センサーはそもそも検知できる光（可視光）の範

囲が狭いこと，また「だまし絵」にみられるように，見えているもの
でも正しく認識できない場合があること，あるいはたとえば都合の悪
い情報を得ても何の根拠もなく「自分なら大丈夫」などと思い込むこ
となど，「誤検知」も多いのです。これらの点についてはむしろ様々
なセンサーで認識し，あくまでモニター上の光の点（画素）や数値で
ニュートラルに「認識」をしているAIの方が正確です。このような
人間側のバイアスも，AIの判断の追体験・検証を困難とする障壁，
つまりブラックボックス性の一因であるということを明らかにしまし
た。

　続いて第2部のシンポジウムでは第1部①の問題，すなわちAI技
術の社会実装に伴う法的問題，とくに刑事法上の問題をさらにクロー
ズアップすることに主眼がありました。その際，我が国の刑事法はド
イツ法を範として成立しておりますから，AIと刑事法を巡る，①刑
事実体法（刑法）についてはQuarck氏，②刑事手続法（刑事訴訟法）
についてはAsenger氏，というドイツの若手研究者お二人に最先端
の議論をご紹介いただきました。

　①について，AIが社会実装されるにあたり刑事実体法上，問題と
なるのは，AIやロボットの製造時には予想もできなかった事故が生
じ，それに対して責任を負う者がいないことです。AIであれロボッ
トであれ，たしかに製造物である以上は製造した者が存在します。し
かし，その製造者が行ったのは自律学習システムと初期プログラムの
設定であって，そのAIやロボットが実際に利用者の下で稼働を開始
し，その後学習した内容がもとで事故を生ぜしめることもあるかもし
れません。たとえば，自動運転自動車が，常態的に制限速度を守らな
い車両が多く走行する道路・エリアを繰り返し走行することによっ

て，「制限速度を守らなくともよい」と学習してしまうことなどを想像してみてください。その速度違反によって事故が生じた場合，製造者としてはもちろん交通規則を遵守するようプログラムしているはずですから，そのような事故は製造・出荷時には予想もできないわけです。

とはいえ，このような交通事故がもしも社会の中で実際に生じてしまったにもかかわらず，この事故や被害を無視してしまったならば，事故の被害者が泣き寝入りせねばならないこととなってしまいます。これは社会に動揺をもたらし，社会を規律する法制度に対し，不信感を生ぜしめてしまうかもしれません。そこで Quarck 氏は，この「事故はあったが責任を負う者がいない（＝答責の間隙）」という状況を解消すべく，AI に刑事責任を肯定してはどうかと提案します。

②について，AI が刑事裁判手続に利用される余地があるのか，あるとすればどのような利用方法があり得，そして AI の利用が従来から刑事訴訟法上重要であるとされてきた諸原則と抵触しうるのか，といったことが整理されます。たとえば，既にアメリカでもその利用例がある再犯率算定 AI（COMPAS）によって，再犯率の高さに従って量刑を決定することも可能です。再犯の恐れが高いのであればより長期の刑を科し，矯正教育の期間を長くとるためです。たしかに，現在の我が国における量刑実務も，先例の類似事案との比較から「量刑傾向」という大まかな相場を導き，その枠内で刑を言い渡すということがなされているようですし，その量刑傾向を調べるための「量刑データベース」なるものも存在するようです。この点，AI は多くのデータから一定の傾向を導き出すのは得意ですし，また人間には処理しきれないような膨大な情報量からその傾向を導き出すわけですから，人

間の裁判官よりも精度の高い判断を下すかもしれません。

　しかし，実際にアメリカで指摘された問題として，再犯率算定AIが「黒人である」という事実を，再犯率を高める事情として計算していることが分かりました。無論，AIが害意を持って黒人差別をしたというわけではありません。かつてのアメリカでは，人間（白人）の判事が，黒人であることを理由に重い刑を科したという差別の歴史があり，それをデータとして学習したAIが，結果的に過去の差別を再生産してしまったのです。このような差別的な量刑では「公正な裁判を受ける権利」を害することは明らかでしょう。このほかにも刑事手続においてAIを利用しうる場面は想定されましょうが，裁判の諸原則との抵触は慎重に検討せねばなりません。

　以上が第1部並びに第2部の各シンポジウムの趣旨，そして各報告の概要・解説です。本書がこのような2部構成をとった理由は，このAIの社会実装上の問題の「広さ」と「深さ」を示す点にありました。第1部では，AIのブラックボックス性という一つのテーマに絞ってもなお，その問題性が分野横断的なものであること，法学や工学，心理学というそれぞれの専門領域において問題の捉え方が異なるということ，そしてその各専門領域の叡智を組み合わせて問題解決につなげるべきであるという，問題の「広がり」を明らかにしました。

　これに対し第2部では逆に，編著者である根津の専門である刑事法に領域を限定し，その専門領域内部でAIの社会実装がどのような課題として認識されているのか，どのような専門領域独自の問題を生ぜしめるのか，そしてそれはその専門領域内部でいかなる解決の可能性があるのか，といった問題の「根深さ」を示そうとするものでした。したがって，第2部の方が専門領域外の方からすれば，少しとっつき

にくい内容であったかもしれません。

　これらの2部構成とすることで，AIの社会実装という課題が，単に「とにかく様々な専門の研究者が集まれば解決する問題」でも，あるいは単に「特定の専門家だけが解決できるマニアックな問題」でもなく，知見の「広さ」と「深さ」がどちらも必要であるということを，本書はその「構造」において主張しております。

2　では結局，AIと「分かりあう」日は来るのか？

　各報告と本書の「構造」については以上の通りです。

　では，本題として，本書のタイトルである「AIと分かりあうことはできますか？」という問いに対しては，どのように答えることができるでしょうか。

　上述のように，AIの判断を人間が追体験できないことによって生じるブラックボックス性は，つまりAIの認識・思考フォーマットと人間の認識・思考フォーマットの根本的な違いに基づいています。人間の目という視覚センサーとAIに搭載可能なセンサーでは，そのセンサー感度の違いから，まさに「見えている世界が違う」と言えます。我々が見ている世界と，コウモリが「見ている」世界が違うのと同様です。またセンサーで検知した情報を人間の場合には「意味」で捉えて「解釈」というステップを挟む分，誤解や錯覚，認知バイアスが生じる余地が生まれてしまいますが，AIは過去のデータを参照してせいぜい「分類」したり「特徴」を抽出する程度です。身近な例でいえば，神社でおみくじを引いて，大吉が出ると人間は将来の幸運に期待して喜びますが，AIからすれば景品のないくじ引きのようなもので，確率論以上の意味を持ちません。このような認識・思考フォー

マットの違いが AI と人間の相互理解を困難にしているのです。

そうなると問題は，AI の認識・思考フォーマットを人間側に寄せて設計するべきであるかどうかです。というのも，人間と AI の認識・思考フォーマットの違いがブラックボックス性の一因であるならば，たとえばセンサー感度を調整することによって，「人間に見えている世界」を AI に認識させるよう調整することは可能だからです。

AI の見ている世界，考えていることが，人間のそれに近付くのであれば，両者の共通了解の形成には資することになります。仮に自動運転自動車が誤認識によって人を検知できず，その結果通行人に怪我を負わせたような場合，当該自動運転自動車のカメラ映像が人間の可視光と同レベルであれば，事故時の映像から「薄暗い中，被害者は黒っぽい服装であったので見落としたのだろう。」といったように直感的に事故原因が分かる場合もあるでしょう。

しかしそもそも，自動運転技術や AI を用いた様々な自動化技術というのは，そういったいわゆるヒューマン・エラーを防止することに長所があったのではなかったのでしょうか。法的責任の明確化，事故原因究明のためとはいえ，技術的なスペックをダウングレードしてしまうことには本末転倒の感が否めません。自動運転自動車が「アクセルとブレーキを踏み間違えた」などと言い訳することは，誰も望んでいないでしょう。

3　おわりに —— 問題はおわらないが…

そもそも，仮に AI の認識・思考フォーマットを限りなく人間に似せることができたとしても，それによってブラックボックス性は解消するかといえば，そうではありません。というのも，我々人間同士で

もミス・コミュニケーションや，立場，関心などの違いから，互いに完全に分かりあっているわけではないからです。実は「AI と分かりあえるか」という問いの背後には，「人間同士であれば分かりあうことができる」というこれまた錯覚が前提としてあるように思われます。「同じ人間だから，話せば分かるはず。」という思い込みが，「では AI と（人間同士でできるような形で）分かりあうことは可能か」という問いにつながっています。しかしそもそも，「同じ人間だから，話せば分かるはず。」という前提自体が極めて危ういものであることは，戦争・紛争の歴史をみれば明らかです。

　そうであるとすれば，「AI のブラックボックス性という問題，つまり『AI と分かりあえますか』という問い」は，もとをたどれば「人間同士なら分かりあえる」という論理飛躍が AI の登場によって明らかになっただけなのではないのかもしれません。

編者・著者紹介

【編著者】

渡辺　豊（わたなべ・ゆたか）（新潟大学法学部教授・新潟大学 ELSI セ
ンターセンター長）

専門は国際法。主な著書として申惠丰編『国際的メカニズム（新講座国際
人権法第 4 巻）』（信山社，近刊），田中良弘編『原子力政策と住民参加──
日本の経験と東アジアからの示唆』（第一法規，2022 年）など。

根津　洸希（ねづ・こうき）（新潟大学法学部助教・新潟大学 ELSI セン
ター専任教員）

専門は刑法，倫理，法哲学。主な研究業績として『AI の刑事責任（博士論
文）』，石井徹哉編『AI・ロボットと刑法』（成文堂，2022 年），伊藤壽英編
『法化社会のグローバル化と理論的実務的対応』（中央大学出版部，2017
年：共著・翻訳）など。

【著　者】

日原　拓哉（ひはら・たくや）（立命館大学衣笠総合研究機構補助研究
員・京都外国語大学非常勤講師，新潟大学 ELSI センター客員研究員）

専門は刑法。主な著書として『AI の活用と刑法』（成文堂，2023 年）など。

今村　孝（いまむら・たかし）（新潟大学工学部准教授）

専門は計測・制御工学，知能機械学。主な著書として『専門基礎ライブラ
リー 制御工学』，研究業績として，"残存機能を活用した脚間歩行支援機構
の設計と実証実験"，"Development of Classification method for Risk Per-
ception Based on the driving Knowledge and Behavior" など。

中嶋　豊（なかじま・ゆたか）（新潟大学人文学部准教授）

専門は実験心理学。主な著書として Toyoaki Nishida（ed.）, *Human-Harmonized Information Technology,* Volume 1（Springer, 2016），研究成果として論文 "Perceptual shrinkage of a one-way motion path with high-speed motion" "Illusory oscillation of the central rotation axis" など。

山﨑　達也（やまざき・たつや）（新潟大学工学部教授・新潟大学 BDA 研究センターセンター長）

専門は情報通信工学。主な研究業績として Nak-Young Chong, Fulvio Mastrogiovanni（eds.）, *Handbook of Research on Ambient Intelligence and Smart Environments: Trends and Perspectives,*（Information Science Reference, 2011）; Vedran Kordic（ed.）, Cutting Edge Robotics 2010（Intech Open, 2010）など。

Lasse Quarck（ラーセ・クヴァーク）（キール大学助手。キール地方裁判所管内司法修習中）

専門は刑事法。主な研究業績として "Zur Strafbarkeit von e-Personen" など。

Hüveyda Asenger（ヒュヴェイダ・アゼンガー）（弁護士・ベルリン自由大学博士課程在籍）

専門は刑事法。明治大学比較法研究所客員研究員として 2023 年 10 月より 11 月まで日本において「AI と刑事手続」について研究のため滞在。

信山社ブックレット

AIと分かりあえますか？
―― ブラックボックスが生まれるしくみ ――

2024(令和6)年3月1日　第1版第1刷発行

編　者	渡辺 豊・根津洸希
発行者	今井 貴・稲葉文子
発行所	株式会社 信 山 社

〒113-0033　東京都文京区本郷 6-2-9-102
Tel 03-3818-1019　Fax 03-3818-0344
笠間才木支店　〒309-1611　茨城県笠間市笠間 515-3
Tel 0296-71-9081　Fax 0296-71-9082
笠間来栖支店　〒309-1625　茨城県笠間市来栖 2345-1
Tel 0296-71-0215　Fax 0296-72-5410
出版契約 No.2024-7505-01011 ©編著者

Printed in Japan, 2024　印刷・製本 藤原印刷
ISBN978-4-7972-7505-6 C3332 ¥1400E 分類 323.900
p.112 7505-01011:012-100-002

〈国際シンポジウム〉
住民参加とローカル・ガバナンスを考える

宮森征司・金炅徳 編

信山社